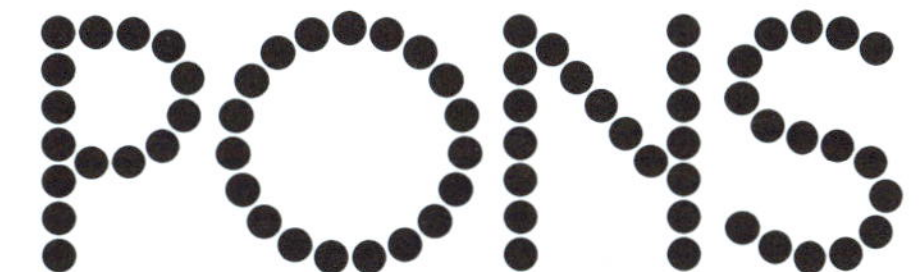

ITALIENISCH

mit allen Sinnen

Sprachkurs mit MP3-Download

sehen * hören * fühlen * schmecken * riechen

von

Federica Tommaddi

PONS

Italienisch
mit allen Sinnen
Sprachkurs mit MP3-Download

von
Federica Tommaddi

Die Hördateien findest du als MP3 zum Download unter

www.pons.de/mitallensinnen

2. Auflage 2023

Projektleitung: Angela de Riese
Redaktion: Dr. Christine Breslauer, Angela de Riese
Logoentwurf: Erwin Poell, Heidelberg
Logoüberarbeitung: Sabine Redlin, Ludwigsburg
Innenlayout: Petra Michel
Covergestaltung: Anne Pixaras, Stuttgart
Satz: digraf.pl - dtp services
Tonaufnahmen: db media dupré & buhr gbr
Gesprochen von: Jampa Serino, Giuliana Paciolla, Erwin Lindemann

Druck und Bindung: Plump Druck & Medien GmbH, Rheinbreitbach

ISBN: 978-3-12-562405-4

Danke für dein Vertrauen!

Wir bei PONS sind der Überzeugung: Wer Sprachen spricht, dem steht die Welt offen. Aus diesem Grund entwickeln wir seit über 40 Jahren hochwertige Wörterbücher und Sprachlern-Produkte und entwerfen ständig neue didaktische Konzepte, um für alle Lernenden das Passende anbieten zu können.

Hilf uns mit deinem Feedback!

Bist du mit diesem Sprachkurs zufrieden?

Dann freuen wir uns über deine **Weiterempfehlung**. Erzähl es deinem Freundeskreis, der Buchhandlung deines Vertrauens oder schreib eine **Online-Rezension** und hilf uns, dieses Buch anderen näherzubringen.

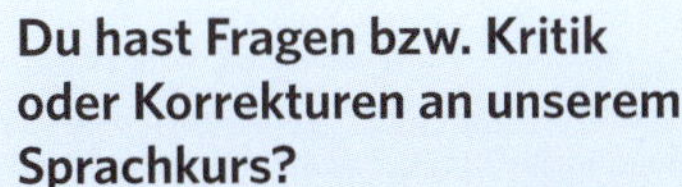

Du hast Fragen bzw. Kritik oder Korrekturen an unserem Sprachkurs?

Wir freuen uns über deine Anregungen. Schreib uns eine Nachricht über **www.pons.de/kontakt**.

Dein Feedback hilft uns, unsere Produkte immer weiter zu verbessern.

Herzlichen Dank für deine Unterstützung und viel Spaß & Erfolg beim Sprachenlernen.

Deine PONS-Redaktion

Lernen mit allen Sinnen

Dein Gehirn verarbeitet jeden Tag eine Flut an Sinneseindrücken. Die meisten Informationen schaffen es nur bis ins Kurzzeitgedächtnis und werden danach wieder vergessen. Je mehr Sinne aber beim Lernen angesprochen werden, umso schneller machst du Fortschritte und umso dauerhafter wird alles, was du neu lernst, in deinem Gehirn abgespeichert.

Dein Sprachkurs **PONS Italienisch mit allen Sinnen** setzt genau hier an und bindet alle fünf Sinne ein:

sehen

Gleich zu Beginn jeder Lektion lernst du den wichtigsten Wortschatz zum Thema – einfach und bebildert. Auch im Rest der Lektion sorgen Bilder und Farben für ein **visuelles Lernerlebnis**. So tauchst du direkt ins Land ein. Sieh dir die schönsten Bilder an, so oft du willst, um dich in eine entspannte Lernstimmung zu versetzen.

Auch das Ohr spielt beim Lernen einer Sprache eine sehr wichtige Rolle. Den Einstiegswortschatz, den Haupttext jeder Lektion sowie viele weitere Hörübungen hörst du dir ganz einfach an: Unter **www.pons.de/mitallensinnen** lädst du dir die MP3-Dateien herunter. Wenn du auf Anhieb noch nicht alles verstehst, macht das gar nichts – hör es dir immer wieder an. So bekommst du den **Klang der Sprache nachhaltig ins Ohr** und aktivierst dein Hörverstehen.

schmecken

Lernen mit Genuss: Lass dir die Sprache auf der Zunge zergehen und probier die **landestypischen leckeren Rezepte** aus, die dich in jeder Lektion erwarten. Dein Italienisch übst du dabei ganz praxisnah und aktivierst auch noch sämtliche anderen Sinne. Vielleicht hast du einmal Lust, das richtig zu zelebrieren. Nimm dir Zeit für diese sehr effektive Lern-Pause!

Riechen

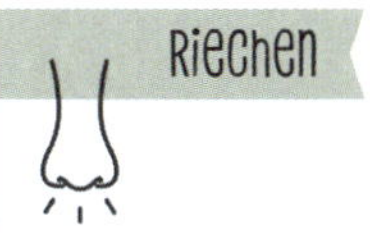

Düfte haben eine sehr starke Wirkung auf dein Gehirn und können **Konzentration und Merkfähigkeit** positiv beeinflussen. Im Kurs wirst du immer wieder aufgefordert, dir Düfte vorzustellen oder tatsächlich an ihnen zu schnuppern und sie so mit dem Gelernten zu verknüpfen. Außerdem findest du im Buch eine Duftkarte. Probier doch einmal aus, was passiert, wenn du beim Lernen und Wiederholen immer wieder an ihr riechst!

Fühlen

Auf der letzten Seite jeder Lektion geht es ums Fühlen. Mit Fühlen ist hier das umfassende **„Be-Greifen" der Sprache** gemeint. Das können kleine, aber auch große Tätigkeiten sein, vom Basteln über das Anfassen konkreter Gegenstände bis hin zum Lernen in Bewegung. Die Hauptsache ist, dass du selbst aktiv wirst. Dabei lernt lernt das Gehirn ganz natürlich.

Und jetzt alle zusammen!
Wenn du das Wort für einen Gegenstand gelesen und gehört hast, ein Bild davon gesehen und vielleicht auch den Gegenstand real angefasst, beschnuppert oder gekostet hast, hast du zahlreiche **Verknüpfungen im Gehirn** geschaffen, die dir das Merken erleichtern. Oft reicht es aber auch schon, Lernen mit Bewegung zu verbinden, also nimm die MP3s mit auf einen Spaziergang, die Joggingrunde oder ins Fitnessstudio. Probier verschiedene Wege aus und feiere deine Erfolge!

Lernen mit Gefühl und Verstand
Am einfachsten merken wir uns das, was für uns wichtig ist. Dieser Kurs bringt dir eine Fülle von Anregungen. Deine Aufgabe ist es, dir das herauszusuchen, was **deine Neugier anregt und dir Spaß bereitet**. Beschäftige dich damit intensiv, leg das Buch zur Seite und such in deiner Umgebung nach allem, was dir hilft. Schau Filme, hör Musik, sprich mit Menschen, tauch entspannt mit allen Sinnen in die Sprache ein – wir wünschen dir dabei viel Vergnügen!

Deine PONS-Redaktion

Inhalt

Saluti da Firenze

GRÜẞE AUS FLORENZ

sehen

Bist du bereit, deine Reise in die italienische Sprache zu beginnen? Du brauchst gute Beine, um grammatikalische Hindernisse zu überwinden, aufmerksame Ohren, um die Nuancen der Laute wahrzunehmen, neugierige Augen, um Bilder aufzunehmen, aber vor allem einen frischen Geist, um die vielen neuen Informationen zu speichern. Aktivier alle deine Sinne und los geht's: Stell dir vor, du besichtigst Florenz, die Wiege der italienischen Sprache!

hören

Tr. 1

il saluto
Gruß

ciao
hallo

buongiorno
guten Morgen

buonanotte
gute Nacht

la città
Stadt

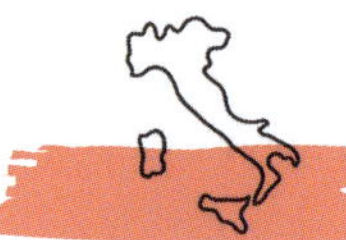

il paese
Land

la nazionalità
Nationalität

la lingua
Sprache

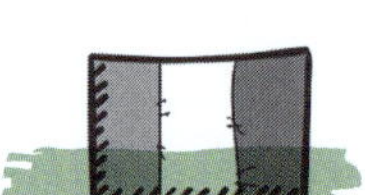

italiano/-a
italienisch

tedesco/-a
deutsch

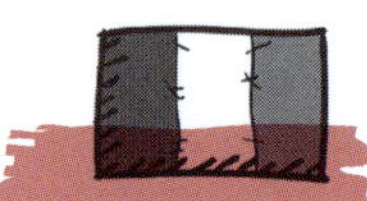

francese
französisch

spagnolo/-a
spanisch

amare
lieben

abitare
wohnen

visitare
besuchen

vivere
leben

la cucina
Küche

la vacanza
Urlaub

il sole
Sonne

l'arte
Kunst

Tr. 2

- Ciao, come ti chiami?
- Mi chiamo Anna, e tu?
- Io sono Federico, piacere!
- Piacere! Di dove sei Federico?
- Sono di Napoli, e tu?
- Io sono tedesca, di Colonia, ma lavoro a Milano.
- Parli così bene l'italiano!
- Beh sì, vivo in Italia da tanti anni.
- Ma sei a Firenze in vacanza?
- Sì, amo molto l'arte.
- Allora sei nella città giusta, oggi visitiamo gli Uffizi!

1

hören

Tr. 3

Das ist ein Gespräch, das du während der Stadtführung in Florenz zwischen zwei Leuten aus deiner Gruppe hörst. So klingt also Italienisch! Beim Zuhören hast du schon ein paar wichtige Ausdrücke auf Italienisch kennengelernt. Sicher weißt du auch, was sie auf Deutsch bedeuten. Hör zu, sprich nach und verbinde sie mit der Übersetzung.

1. Ciao!	**A** Ich heiße ...
2. Come ti chiami?	**B** Angenehm!
3. Mi chiamo...	**C** Ich komme aus ...
4. Piacere!	**D** Hallo!
5. Di dove sei?	**E** Wie heißt du?
6. Sono di...	**F** Ich lebe in Italien.
7. Vivo in Italia.	**G** Woher kommst du?

2

Ist dir bewusst, dass du auf der zweiten Seite bereits deinen ersten Dialog auf Italienisch verstanden hast? Du glaubst es nicht? Teste es mit dieser Übung: Sind die Sätze richtig oder falsch?

	richtig	falsch
1. Federico è italiano.	◯	◯
2. Anna è di Milano.	◯	◯
3. Federico abita a Firenze.	◯	◯
4. Anna lavora in Italia.	◯	◯
5. Federico è a Firenze per lavoro.	◯	◯

WIE EIN DETEKTIV!

Such im Dialog nach Hinweisen und unterstreich sie. Selbst wenn du nicht alle Wörter verstehst, hast du alle Informationen, die du brauchst, um die richtige Antwort zu finden!

3

hören

Tr. 4

Wie du gerade gelernt hast, stellt man sich auf Italienisch mit **mi chiamo** + Name oder **sono** + Name vor. Aber wie stellt man andere vor? Hör zu, wie der Dialog zwischen Federico und Anna weitergeht und kreuz die Sätze an, die sie sagen.

1. Ti presento due amici. ○
2. Questa è Anna. ○
3. Sono Marco. ○
4. Si chiama Davide. ○
5. Come ti chiami? ○
6. Questo è Marco. ○

DU BIST DRAN!

Geh bei dir zu Hause herum und stell deiner Familie und deinen Freunden eine imaginäre Person vor, indem du die gelernten Ausdrücke verwendest.

4

Bei der Stadtführung landet man manchmal in einer Gruppe mit Leuten aus der ganzen Welt. Du bist schon auf einige Städte- und Ländernamen gestoßen, hier findest du weitere. Ordne zu.

* Germania * Portogallo * Londra * Amburgo * Inghilterra * Spagna * Vienna * Svezia * Austria * Milano

Städte	Länder

5

hören

Tr. 5

Die italienische Aussprache ist nicht besonders kompliziert. Die meisten Wörter werden genau so ausgesprochen, wie sie geschrieben werden. Ein paar Regeln musst du jedoch kennen. Hör die Beispiele, sprich nach und ergänz die Regel.

1. **Barcellona** *Barcelona* — **c** vor **e** und **i** wird wie in tschüss gesprochen
2. **Colonia** *Köln* — **c** vor **a**, **o** und **u** wird wie in Kiosk gesprochen
3. **Chieti** *(ital. Stadt)* — **c** + **h** wird wie in ________ gesprochen
4. **Germania** *Deutschland* — **g** vor **e** und **i** wird wie in Gin gesprochenn
5. **Portogallo** *Portugal* — **g** vor **a**, **o** und **u** wird wie in Garage gesprochen
6. **Inghilterra** *England* — **g** + **h** wird wie in ________ gesprochen

Das Verb essere

Hier lernst du zuerst die Formen des Verbs **essere** *sein* und die **Subjektpronomen** (im Italienischen werden sie allerdings meist weggelassen). Die Formen entsprechen also *ich bin, du bist, er ist* etc. Präg sie dir gut ein, du wirst sie oft brauchen!

io	**sono**	**noi**	**siamo**
tu	**sei**	**voi**	**siete**
lui/lei/Lei*	**è**	**loro**	**sono**

*__Lei__ (großgeschrieben) ist die Sie-Form.

Die Verben auf -are und -ere

Im Italienischen unterscheidet man drei Konjugationsgruppen. Zur ersten gehören die Verben auf **-are**, wie abit**are** *wohnen*, und zur zweiten die Verben auf **-ere**, wie viv**ere** *leben*. Das reflexive Verb chiam**arsi** *heißen* (wörtlich: *sich nennen*) folgt der ersten Konjugation. Aber wichtig ist es jetzt, nur die Endungen zu lernen!

io	**abito**	**mi chiamo**	**vivo**
tu	**abiti**	**ti chiami**	**vivi**
lui/lei/Lei	**abita**	**si chiama**	**vive**
noi	**abitiamo**	**ci chiamiamo**	**viviamo**
voi	**abitate**	**vi chiamate**	**vivete**
loro	**abitano**	**si chiamano**	**vivono**

Schreib nun die Wörter aus dieser Übung auf einzelne Zettel oder beschrifte alte Bauklötze und konjugiere dabei die Verben. Leg dann alle Wörter in die richtige Reihenfolge. Kannst du auch neue Kombinationen finden? Erzähl am Ende etwas von dir!

1. Emma e Maria ✻ abitare ✻ in Svezia

____

2. Dario ✻ di Milano ✻ essere

____

3. vivere ✻ Voi ✻ a Barcellona

____

4. lavorare ✻ in Toscana ✻ Noi

____

5. E tu?

____

GUT ZU WISSEN!

Um den Wohn- oder Arbeitsort anzugeben, benutzt man **a** + Stadt oder **in** + Land/Region:
Anna è a Milano / in Italia. *Anna ist in Mailand / in Italien.*

Um die Herkunft anzugeben, verwendet man dagegen **di** + Stadt: **Federico è di Napoli.** *Federico ist aus Neapel.*

REZEPT

Panzanella

BROTSALAT

schmecken

Kultur macht hungrig! Nach der Besichtigung von Museen und Basiliken muss man auch mal eine Pause einlegen. Was könnte besser sein als ein Teller Panzanella? Ein frisches und leichtes Gericht, mit dem du dann unbeschwert den Besuch fortsetzen kannst. Möchtest du es selbst zubereiten und als Lunchpaket mitnehmen? Das Rezept ist ganz einfach!

Zutaten:

6 pomodori maturi – **6 fette** di pane (senza crosta) – **4 cucchiai** di capperi – **1 cucchiaino** di maggiorana fresca – **10 foglie** di basilico – aceto di mele – olio extravergine di oliva – sale – pepe

1. Die Kapern mindestens eine halbe Stunde in frischem Wasser entsalzen.
2. Das altbackene Brot in einer Lösung aus Wasser und Essig (im Verhältnis 3:1) einweichen.
3. Die Tomaten in Würfel schneiden und in eine große Schüssel geben.
4. Die Kapern kleinhacken und ein Dressing aus Öl, Kapern, Salz und Pfeffer zubereiten.
5. Das Brot mit den Händen auspressen und über die Tomaten bröckeln, mit dem Dressing würzen, den Majoran hinzufügen und das Ganze zehn Minuten an einem kühlen Ort ruhen lassen.
6. Mit den Basilikumblättern garnieren.

il pomodoro maturo *reife Tomate*
la fetta *Scheibe*
il pane *Brot*
senza crosta *ohne Kruste*
il cucchiaio *Löffel*
il cucchiaino *Teelöffel*
il cappero *Kaper*
la maggiorana fresca *frischer Majoran*
la foglia di basilico *Basilikumblatt*
l'aceto di mele *Apfelessig*
l'olio extravergine di oliva *kalt gepresstes Olivenöl*
il sale *Salz*
il pepe *Pfeffer*

Die Adjektive

Im Italienischen lassen sich Adjektive nach ihrer Endung in zwei Gruppen einteilen:

1. Adjektive auf **-o**, wie z. B. **italiano** *italienisch*, haben eine weibliche Form auf **-a**; im Plural enden sie auf **-i** bzw. **-e**.
2. Adjektive auf **-e**, z. B. **inglese** *englisch*, besitzen nur eine Form; im Plural enden sie auf **-i**.

Adjektive richten sich immer in Geschlecht und Zahl nach dem Substantiv, auf das sie sich beziehen. Hier die Endungen im Überblick:

 **italiano**	 **italiana**	 **italiani**	 **italiane**
inglese	**inglese**	**inglesi**	**inglesi**

7 riechen

Che buono! *Wie lecker!* Essen aus anderen Ländern bringt uns einzigartige Gerüche. Ordne die Bilder den passenden Namen zu und schreib die entsprechenden Nationalitätsadjektive in der richtigen Form (das Adjektiv in Klammern steht in der männlichen Form im Singular). Welches Gericht möchtest du in diesem Moment riechen? Zeichne es und schreib den Namen.

___ **A** paella (spagnolo) ____________

___ **B** formaggi (francese) ____________

___ **C** tacos (messicano) ____________

___ **D** sushi (giapponese) ____________

___ **E** lasagne (italiano) ____________

___ **F** ravioli (cinese) ____________

___ **G** torta (austriaco) ____________

___ **H** ____________

8

sehen

Che cos'è l'Italia per te? *Was ist Italien für dich?* Mach dir zuerst Notizen und ordne dann jedem Bild das passende Wort zu. Hast du an die gleichen Dinge gedacht?

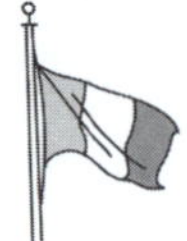

* il sole * la musica * l'arte * la vacanza * il caffè
* il vino * la cucina * la storia

1 ______ 2 ______ 3 ______ 4 ______

5 ______ 6 ______ 7 ______ 8 ______

9

hören

Tr. 6

Hör nun die Begrüßungen auf Italienisch in verschiedenen Situationen an. Achte auf die Geräusche und stell dir vor, dass du auch dabei bist. Hör sie noch einmal an und entscheide: Handelt es sich um formelle oder informelle Grußformeln? Wann werden sie verwendet?

	formell	informell	morgens	abends	nachts
1.	○	○	○	○	○
2.	○	○	○	○	○
3.	○	○	○	○	○
4.	○	○	○	○	○

VOR DEM SPIEGEL

Stell dich im Lauf der nächsten Tage jeden Morgen und jeden Abend vor den Spiegel und begrüß und verabschiede dich laut! Begrüß dich mal wie ein Freund / eine Freundin, mal wie ein Fremder / eine Fremde, so dass du auch die formellen Begrüßungen ausprobieren kannst.

* arriverderci *auf Wiedersehen*
* a presto *bis bald*
* a più tardi *bis später*
* a domani *bis morgen*

10

fühlen

Wenn du gut mit Bildern lernst, dann bastle dir doch mal ein buntes Plakat: Schneide Fotos aus einer Zeitschrift oder einem Prospekt über Italien aus, oder vielleicht hast du eigene Fotos aus einem Italien-Urlaub. Wenn du an ein besonderes Bild denkst, kannst du es im Internet suchen und ausdrucken. Kleb alles auf einen großen Bogen Papier und schreib den italienischen Begriff dazu. So erhältst du ein schönes Italien-Plakat und lernst nebenbei noch Wörter. Du kannst das Plakat im Laufe der Lektionen immer wieder erweitern.

Du brauchst:

- **carta** *Papier*
- **stampante** *Drucker*
- **foto** *Fotos*
- **forbici** *Schere*
- **colla** *Klebstoff*
- **penne** *Stifte*

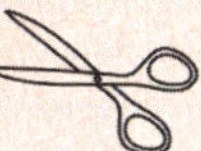

Lösungen

1. 1. D, 2. E, 3. A, 4. B, 5. G, 6. C, 7. F
2. 1. richtig, 2. falsch, 3. falsch, 4. richtig, 5. falsch
3. 1, 2, 4, 6
4. Städte: Vienna, Londra, Amburgo, Milano; Länder: Germania, Spagna, Portogallo, Svezia, Austria, Inghilterra
5. 3. Kiosk, 6. Garage
6. 1. Emma e Maria abitano in Svezia. 2. Dario è di Milano. 3. Voi vivete a Barcellona. 4. Noi lavoriamo in Toscana.
7. 1. B francesi, 2. E italiane, 3. F cinesi, 4. G austriaca, 5. A spagnola, 6. D giapponese, 7. C messicani
8. 1. il vino, 2. il caffè, 3. la cucina, 4. la vacanza, 5. il sole, 6. la storia, 7. l'arte, 8. la musica
9. 1. formell, morgens, 2. informell, nachts, 3. formell, abends, 4. informell, morgens/abends/ nachts

Transkriptionen

TR. 2

• Ciao, come ti chiami?	*Hallo, wie heißt du?*
• Mi chiamo Anna, e tu?	*Ich heiße Anna, und du?*
• Io sono Federico, piacere!	*Ich bin Federico, angenehm!*
• Piacere! Di dove sei Federico?	*Angenehm! Woher kommst du, Federico?*
• Sono di Napoli, e tu?	*Ich komme aus Neapel, und du?*
• Io sono tedesca, di Colonia, ma lavoro a Milano.	*Ich bin Deutsche, aus Köln, aber ich arbeite in Mailand.*
• Parli così bene l'italiano!	*Du sprichst so gut Italienisch!*
• Beh sì, vivo in Italia da tanti anni.	*Nun ja, ich lebe seit vielen Jahren in Italien.*
• Ma sei a Firenze in vacanza?	*Bist du denn in Florenz im Urlaub?*
• Sì, amo molto l'arte.	*Ja, ich liebe Kunst sehr.*
• Allora sei nella città giusta, oggi visitiamo gli Uffizi!	*Dann bist du in der richtigen Stadt, heute besuchen wir die Uffizien!*

TR. 4

• Anna, vieni, ti presento due amici.	*Anna, komm, ich stelle dir zwei Freunde vor.*
• Sì, certo!	*Ja, natürlich!*
• Questo è Marco.	*Das ist Marco.*
• Ciao Marco!	*Hallo Marco!*
• E questa è Anna, di Colonia. Invece lui si chiama Davide...	*Und das ist Anna aus Köln. Er (hingegen) heißt Davide ...*

TR. 6

• Buongiorno Signore, le porto subito un caffè!	*Guten Morgen, mein Herr, ich bringe Ihnen sofort einen Kaffee!*
• Buonanotte mamma...	*Gute Nacht, Mama ...*
• Buonasera dal TG delle 20...	*Guten Abend von den 20-Uhr-Nachrichten ...*
• Ciao amici!	*Hallo Freunde!*

Lektionswortschatz

il saluto	*Gruß*
da	*aus*
Firenze	*Florenz*
ciao	*Hallo*
buongiorno	*guten Morgen / Tag*
buonanotte	*gute Nacht*
la città	*Stadt*
il paese	*Land*
la nazionalità	*Nationalität*
la lingua	*Sprache*
italiano/-a	*italienisch*
tedesco/-a	*deutsch*
francese	*französisch*
spagnolo/-a	*spanisch*
amare	*lieben*
abitare	*wohnen*
visitare	*besuchen*
vivere	*leben*
la cucina	*Küche*
la vacanza	*Urlaub*
il sole	*Sonne*
l'arte (f.)	*Kunst*
Come ti chiami?	*Wie heißt du?*
Mi chiamo...	*Ich heiße ...*
chiamarsi	*heißen*
e	*und*
io, tu	*ich, du*
essere	*sein*

piacere	*angenehm*
Di dove...?	*Woher ...?*
Sono di...	*Ich komme aus ...*
Napoli	*Neapel*
Colonia	*Köln*
ma	*aber*
lavorare	*arbeiten*
Milano	*Mailand*
a (+ Stadt)	*in*
parlare	*sprechen*
così	*so*
bene	*gut*
l'italiano (Sprache)	*Italienisch*
sì	*ja*
beh	*na, nun*
vivere	*leben*
in (+ Land/Region)	*in*
l'Italia	*Italien*
da	*seit*
tanto/-a	*viel*
l'anno	*Jahr*
molto	*sehr, viel*
allora	*also, dann*
giusto/-a	*richtig*
oggi	*heute*
per lavoro	*beruflich*
venire	*kommen*
ti	*dir, dich*
presentare	*vorstellen*
due	*zwei*
l'amico/-a	*Freund/-in*
Certo!	*Natürlich!*
Questo/-a è...	*Das ist ...*
lui	*er*
invece	*hingegen*
la Germania	*Deutschland*
la Spagna	*Spanien*
Vienna	*Wien*
Londra	*London*
il Portogallo	*Portugal*
l'Inghilterra	*England*
Amburgo	*Hamburg*
l'Austria	*Österreich*
la Svezia	*Schweden*
Barcellona	*Barcelona*
lei, Lei	*sie, Sie*
noi, voi, loro	*wir, ihr, sie*
la Toscana	*Toskana*
il pomodoro	*Tomate*
maturo/-a	*reif*
la fetta	*Scheibe*
il pane	*Brot*
senza	*ohne*
la crosta	*Kruste*
il cucchiaio	*Löffel*
il cucchiaino	*Teelöffel*
il cappero	*Kaper*
la maggiorana	*Majoran*
fresco/-a	*frisch*
la foglia	*Blatt*
il basilico	*Basilikum*
l'aceto di mele	*Apfelessig*
l'olio extravergine di oliva	*kalt gepresstes Olivenöl*
il sale	*Salz*
il pepe	*Pfeffer*
inglese	*englisch*
Che buono/-a!	*Wie lecker!*
il formaggio	*Käse*
il taco	*Taco*
messicano/-a	*mexikanisch*
il sushi	*Sushi*
giapponese	*japanisch*
le lasagne (Pl.)	*Lasagne*
i ravioli (Pl.)	*Ravioli*
cinese	*chinesisch*
la torta	*Torte, Kuchen*
austriaco/-a	*österreichisch*
Che cos'è...?	*Was ist ...?*
per te	*für dich*
il vino	*Wein*
la musica	*Musik*
la storia	*Geschichte*
il caffè	*Kaffee*
il/la signore/-a	*Herr/Frau*
le	*Ihnen*
portare	*bringen*
subito	*sofort*
la mamma	*Mama*
buonasera	*guten Abend*
il TG (telegiornale)	*Fernsehnachrichten*
arrivederci	*auf Wiedersehen*
a presto	*bis bald*
a più tardi	*bis später*
a domani	*bis morgen*
la carta	*Papier*
la stampante	*Drucker*
la foto	*Foto*
le forbici (Pl.)	*Schere*
la colla	*Klebstoff*
la penna	*Stift*

Aperitivo in terrazza

APERITIF AUF DER TERRASSE

sehen

Komm, wir gehen auf einen Aperitif auf die Terrasse. Bei Sonnenuntergang ist der Himmel rosa gefärbt, die Temperatur ist angenehm, im Hintergrund läuft Loungemusik und man hört das Klirren von Prosecco-Gläsern. Ein paar Leute unterhalten sich. Du kennst niemanden. Was tust du? Stehst du am Rand und beobachtest oder brichst du das Eis? Dann benötigst du diese Vokabeln!

hören
Tr. 7

il cocktail
Cocktail

l'alcolico
alkoholisches Getränk

lo spumante
Sekt

la birra
Bier

le patatine
Chips

le olive
Oliven

i tramezzini
Sandwichs

le pizzette
Minipizzas

bere
trinken

brindare
anstoßen

suonare
spielen

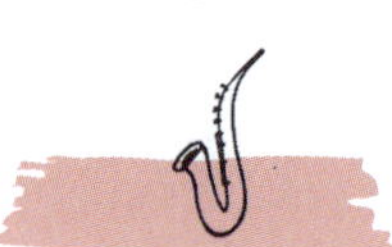

lo strumento
Instrument

il/la giornalista
Journalist/-in

il/la musicista
Musiker/-in

il/la cuoco/-a
Koch/Köchin

il/la barista
Barmann/-frau

il/la maestro/-a
Lehrer/-in

il/la fotografo/-a
Fotograf/-in

il/la tassista
Taxifahrer/-in

il/la cassiere/-a
Kassierer/-in

Tr. 8

- Ciao! Come stai?
- ◎ Bene, e tu?
- Tutto a posto, grazie. Non ti vedo da tanto tempo!
- ◎ Eh sì, ora lavoro a Roma.
- Davvero?!? Ma non mi ricordo... che lavoro fai?
- ◎ Sono giornalista, ora scrivo per un quotidiano importante.
- Complimenti!
- ◎ E tu, che cosa fai?
- Io faccio sempre il musicista.
- ◎ Ah sì, è vero. Ma quanti strumenti suoni ora?
- Il pianoforte e il violino.
- ◎ Wow! Perché non suoni qualcosa?
- No, forse più tardi... ora brindiamo!
- ◎ Buona idea!

1 Wenn du jemanden nicht kennst oder schon lange nicht mehr gesehen hast, sind Fragen ein Muss! Einige findest du im Dialog, weitere hier in der Übung. Welche Antwort gehört zu welcher Frage? Verbinde sie.

1. Come stai?	**A** In via Garibaldi 5.
2. Che lavoro fai?	**B** Ho 25 anni.
3. Che cosa studi?	**C** Sono giornalista.
4. Quanti anni hai?	**D** Per studio.
5. Dove abiti?	**E** Medicina.
6. Perché sei qui?	**F** Bene, grazie.

2 Um Kontakte zu knüpfen, muss man viele Fragen stellen, Antworten geben, aber vor allem einfühlsam reagieren. Wie gehen die beiden Personen im Gespräch aufeinander ein? Such Ausdrücke, die das Interesse des Gesprächspartners zeigen und das Gespräch auflockern, und notier sie.

DAVVERO?!?

Und du? Bist du einfühlsam, wenn du in Gesellschaft bist? Achte darauf und versuch, einige dieser Ausdrücke auf Italienisch zu verwenden, wenn du mit deinen Freunden sprichst!

3 Hör nun die Geräusche von Menschen bei der Arbeit und wähl aus den vorgegebenen Berufen die richtigen aus.

hören

Tr. 9

* cuoco * informatico * tassista * fotografo * barista
* chitarrista * meccanico * maestro * cassiere

1. ______ 2. ______ 3. ______
4. ______ 5. ______ 6. ______
7. ______ 8. ______ 9. ______

4 fühlen

Es ist nicht notwendig, alle Berufe zu kennen, es genügt, wenn du die Berufe deiner engsten Freunde und Verwandten kennst. Schreib sie auf ein Blatt Papier und ahme dann ihre Tätigkeit pantomimisch nach, während du das Wort sagst: Gesten und Bewegung überhaupt bewirken nämlich, dass man sich besser an Wörter erinnern kann. Versuch es mal!

BERUF

Um den Beruf anzugeben, benutzt man auf Italienisch das Verb **essere** *sein* + Berufsbezeichnung ohne Artikel (**è giornalista** *er ist Journalist*) oder **fare** *machen* + Berufsbezeichnung mit Artikel (**fa il giornalista**).

5 sehen

Come stai? *Wie geht es dir?* In Italien wird man häufig gefragt, wie es einem geht. Ordne die möglichen Antworten den passenden Bildern zu. Tipp: Das Gegenteil von **bene** *gut* ist **male** *schlecht*.

* benissimo * più o meno * molto bene
* così così * molto male * abbastanza male

1 ______ 2 ______ 3 ______

Einige unregelmäßige Verben

In der Übung 1 hast du die Verben **avere** *haben*, **fare** *machen* und **stare** *(gut/schlecht) gehen* kennengelernt. Hier lernst du die Formen:

io	**ho**	**faccio**	**sto**
tu	**hai**	**fai**	**stai**
lui/lei/Lei	**ha**	**fa**	**sta**
noi	**abbiamo**	**facciamo**	**stiamo**
voi	**avete**	**fate**	**state**
loro	**hanno**	**fanno**	**stanno**

Die Fragepronomen

Die Fragepronomen stehen in der Regel am Anfang einer Frage. **Come** *wie*, **che cosa** *was*, **dove** *wo/wohin* und **perché** *warum* sind unveränderlich, nur **quanto** *wie viel* hat vier Formen und verhält sich wie ein Adjektiv:
Quanti strumenti suoni? *Wie viele Instrumente spielst du?*, aber
Quante canzoni conosci? *Wie viele Lieder kennst du?*

quanto  **quanta**  **quanti**  **quante**

6 Ergänz die fehlenden Verben und Fragepronomen. Verbinde dann die Fragen mit der passenden Antwort.

1. ______ lavori? In un bar?
2. ______ anni ______ Carlo?
3. ______ sei in Italia?
4. ______ lingue parli?
5. ______ sta tua mamma?

___ **A** Per lavoro.
___ **B** Sì, ______ il barista.
___ **C** Due, il francese e lo spagnolo.
___ **D** ______ bene, grazie.
___ **E** ______ 18 anni.

7 

Leider gibt es keine andere Möglichkeit, unregelmäßige Verbformen zu „speichern", als sie auswendig zu lernen. Aber wusstest du, dass der Duft von Zitronen die Konzentration fördert, besonders beim Auswendiglernen? Nimm also die beiliegende Duftkarte, schließ die Augen und riech den Zitronenduft, während du die Verben übst.

ANDERS ALS IM DEUTSCHEN!

Vor dem Namen der Sprache benutzt man den bestimmten Artikel: **Parlo il francese.** *Ich spreche Französisch.* Die Altersangabe wird mit dem Verb **avere** gebildet: **Ho 32 anni.** *Ich bin 32 Jahre alt.*

REZEPT

Insalata di riso

REISSALAT

Schmecken

Als **aperitivo** wird in Italien nicht nur das Aperitifgetränk selbst bezeichnet, sondern auch die Tradition, sich gegen Abend mit Freunden zu treffen, um etwas zu trinken und Appetithäppchen zu essen, wie Chips, Oliven, Nüsse, Minipizzas, aber auch Reis- und Pastagerichte. Der Reissalat ist zum Beispiel ein großer Klassiker, vor allem weil du alle Reste im Kühlschrank dafür verwenden kannst!

Zutaten:

320 g di riso parboiled – **180 g** di tonno – **150 g** di formaggio (tipo Emmental) – **120 g** di pisellini – **120 g** di prosciutto cotto – **2** uova – **2** carote – **120 g** di peperone – **15** olive – **8** cetriolini sott'aceto – sale e pepe – olio extravergine di oliva

1. Den Reis kochen und abkühlen lassen.
2. Die Erbsen 7–8 Minuten in Salzwasser kochen, abgießen und beiseite stellen.
3. Die Eier kochen, die Karotten schälen und in kleine Würfel schneiden.
4. Die Paprika waschen und Kerne und weiße Häutchen entfernen, dann in kleine Stücke schneiden, ebenso den Schinken und den Käse.
5. Erbsen, Karotten- und Paprikawürfel, abgetropften Thunfisch, Käse und Schinkenwürfel in die Schüssel mit dem Reis geben, dann die in Scheiben geschnittenen Oliven und Gewürzgurken und die in kleine Stücke geschnittenen Eier hinzufügen.
6. Mit etwas Olivenöl, Salz und Pfeffer würzen und alles mit einem Löffel vermengen.

il riso *Reis*
il tonno *Thunfisch*
il formaggio *Käse*
i pisellini *kleine Erbsen*
il prosciutto cotto *gekochter Schinken*
l'uovo *Ei*
la carota *Karotte*
il peperone *Paprika*
l'oliva *Olive*
il cetriolino sott'aceto *Gewürzgurke*

Der bestimmte Artikel

Substantive sind im Italienischen entweder männlich oder weiblich und erhalten deshalb unterschiedliche bestimmte Artikel, z. B. **il vino** *der Wein* und **la birra** *das Bier*. Die Artikel richten sich außerdem nach dem Anfangsbuchstaben des nachfolgenden Wortes. Genauer siehst du das bei den Getränken hier:

		Singular	Plural
männlich	vor Konsonant	**il vino**	**i vini**
	vor Vokal und **h**	**l'aperitivo**	**gli aperitivi**
	vor **s** + Konsonant und vor **gn**, **pn**, **ps**, **x**, **y**, **z**	**lo spumante**	**gli spumanti**
weiblich	vor Konsonant	**la birra**	**le birre**
	vor Vokal	**l'acqua**	**le acque**

8 fühlen

Jetzt zur Sache! Leg Aperitif-Musik auf und organisier einen **aperitivo** mit Freunden! Notier dir alles, was du brauchst, schlag Wörter im Wörterbuch nach und trag sie mit dem passenden bestimmten Artikel in deine Mindmap ein.

9 schmecken

Für ein vollständiges Eintauchen in eine Sprache müssen alle Sinne aktiviert werden. Was könnte also besser sein als ein Cocktail? Lass uns gemeinsam einen **spritz** zubereiten! Gib zunächst **cubetti di ghiaccio** *Eiswürfel* bis zum Rand in ein Weinglas. Nun gieß drei Teile Prosecco und dann zwei Teile Aperol ein und füll das Glas mit **acqua frizzante** *Sprudelwasser* auf. Rühr mit einer **cannuccia** *Strohhalm* um und dekorier das Glas mit einer **fetta di arancia** *Orangenscheibe*. Lern beim Trinken noch die neuen Wörter und „genieß" sie!

Die Verneinung

Ein Satz wird im Italienischen durch **no** oder **non** verneint. Im Dialog zu Übung 1 gibt es beide Wörter: **Perché non suoni qualcosa? – No, forse più tardi.** *Warum spielst du nicht etwas? – Nein, vielleicht später.* Hier sind die Regeln:

No entspricht dem deutschen *nein* und steht in der Regel in Satzteilen ohne Verb; **non** entspricht *nicht* oder *kein*, steht aber vor dem Verb.

10 **No** oder **non**? Ergänz die Sätze.

1. Parlo bene lo spagnolo. – Io invece ______ parlo lo spagnolo.
2. Abiti a Firenze? – ______, abito a Siena.
3. Uno spritz? – ______ grazie, ______ bevo alcolici.

11 Auf diesen Seiten hast du viele Fragen gelernt, mit denen du wichtige Informationen über andere Menschen herausfinden kannst. Hör sie und sprich sie nach.

hören Tr. 10

Come stai?	*Wie geht es dir?*
Dove abiti?	*Wo wohnst du?*
Che lavoro fai?	*Was bist du von Beruf?*
Che cosa studi?	*Was studierst du?*
Quanti anni hai?	*Wie alt bist du?*
Quante lingue parli?	*Wie viele Sprachen sprichst du?*
Perché sei in Italia?	*Warum bist du in Italien?*

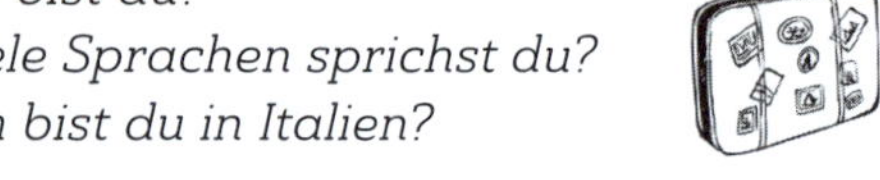

12 Nun spitz die Ohren! Hör die Sätze und entscheide, ob es sich dabei um Aussagen oder Fragen handelt.

hören Tr. 11

	Aussage	Frage
1.	○	○
2.	○	○
3.	○	○
4.	○	○
5.	○	○

SATZMELODIE

Auf Italienisch ist es einfach, eine Frage zu stellen: Ohne Fragewort ist die Wortstellung wie im Aussagesatz. Entscheidend ist die Satzmelodie! Während sie im Aussagesatz gleich bleibt, geht die Stimme im Fragesatz am Ende nach oben.

13 Hör die Zahlen und lies sie laut vor. Besonderheiten sind rot markiert.

hören Tr. 12

0 zero	**5** cinque	**10** dieci	**15** quindici	**20** venti	**25** venticinque
1 uno	**6** sei	**11** undici	**16** sedici	**21** ventuno	**26** ventisei
2 due	**7** sette	**12** dodici	**17** diciassette	**22** ventidue	**27** ventisette
3 tre	**8** otto	**13** tredici	**18** diciotto	**23** ventitré	**28** ventotto
4 quattro	**9** nove	**14** quattordici	**19** diciannove	**24** ventiquattro	**29** ventinove
30 trenta	**40** quaranta	**50** cinquanta	**60** sessanta	**70** settanta	**80** ottanta
					90 novanta
					100 cento

fühlen

Alles an einem Aperitif-Buffet ist im Miniformat: Die Pizzas sind klein, die Sandwichs sind winzig, also versuchen wir jetzt, ein Miniaturbuch zu basteln!

Du brauchst:

- **foglio A4** *DIN-A4-Blatt*
- **forbici** *Schere*
- **pinzatrice** *Tacker*

Nimm ein DIN-A4-Blatt und falte es viermal zusammen, bis du ein Rechteck von etwa 7,5 cm Höhe und 5 cm Breite erhältst. Hefte es an der geschlossenen Seite und beschneide es an den anderen drei Seiten.

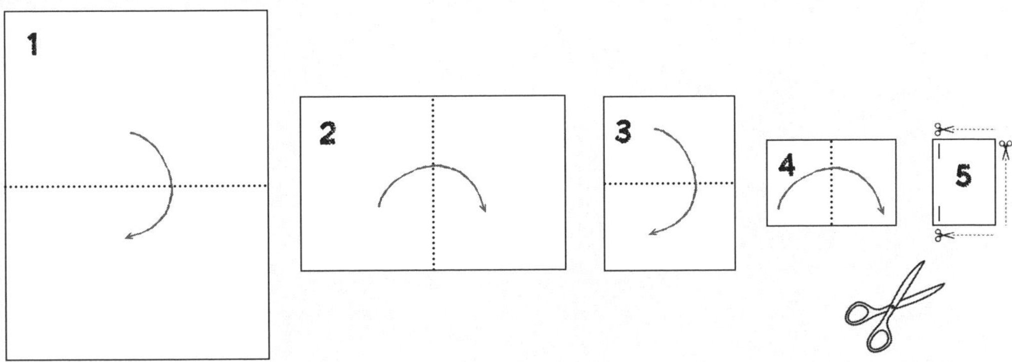

Jetzt ist dein Miniaturbuch mit 16 Mini-Seiten fertig zum Ausfüllen!

Für diese Lektion kannst du zum Beispiel deine Geschichte in Zahlen erzählen: Ich bin 36 Jahre alt, ich wohne in Hausnummer 72 usw. Oder du schreibst Wörter zum Aperitif-Thema auf. Auf der linken Seite schreibst du das Wort auf Italienisch, auf der rechten Seite malst du es ... Lass deiner Kreativität freien Lauf!

Lösungen

1. 1. F, 2. C, 3. E, 4. B, 5. A, 6. D
2. Davvero?!?, Complimenti!, Wow!, Buona idea!
3. 1. tassista, 2. maestro, 3. informatico, 4. chitarrista, 5. fotografo, 6. cuoco, 7. barista, 8. meccanico, 9. cassiere
5. 1. benissimo, molto bene; 2. così così, più o meno; 3. molto male, abbastanza male
6. 1. B Dove, faccio; 2. E Quanti, hai/ha, Ho/Ha; 3. A Perché; 4. C Quante; 5. D Come, Sta
10. 1. non; 2. No; 3. No, non
12. Aussage: 1, 4; Frage: 2, 3, 5

Transkriptionen

TR. 8

• Ciao! Come stai?	*Hallo! Wie geht es dir?*
• Bene, e tu?	*Gut, und dir?*
• Tutto a posto, grazie. Non ti vedo da tanto tempo!	*Alles in Ordnung, danke. Ich habe dich so lange nicht mehr gesehen!*
• Eh sì, ora lavoro a Roma.	*Ja, ich arbeite jetzt in Rom.*
• Davvero?!? Ma non mi ricordo... che lavoro fai?	*Wirklich?!? Ich erinnere mich nicht ... Was bist du von Beruf?*
• Sono giornalista, ora scrivo per un quotidiano importante.	*Ich bin Journalist, nun schreibe ich für eine wichtige Tageszeitung.*
• Complimenti!	*Gratuliere!*
• E tu, che cosa fai?	*Und was machst du?*
• Io faccio sempre il musicista.	*Ich bin immer noch Musiker.*
• Ah sì, è vero. Ma quanti strumenti suoni ora?	*Ach ja, das stimmt. Wie viele Instrumente spielst du denn jetzt?*
• Il pianoforte e il violino.	*Klavier und Violine.*
• Wow! Perché non suoni qualcosa?	*Wow! Warum spielst du nicht etwas vor?*
• No, forse più tardi... ora brindiamo!	*Nein, vielleicht später ... nun stoßen wir an!*
• Buona idea!	*Gute Idee!*

TR. 11

• Lui ama la musica.	*Er liebt Musik.*
• State bene?	*Geht es euch gut?*
• Vivete a Roma?	*Lebt ihr in Rom?*
• Parla tre lingue.	*Er/Sie spricht drei Sprachen.*
• Sei fotografo?	*Bist du Fotograf?*

Lektionswortschatz

l'aperitivo	*Aperitif*
la terrazza	*Terrasse*
il cocktail	*Cocktail*
l'alcolico	*alkoholisches Getränk*
lo spumante	*Sekt*
la birra	*Bier*
le patatine (Pl.)	*Chips*
l'oliva	*Olive*
il tramezzino	*Sandwich*
la pizzetta	*kleine Pizza*
bere	*trinken*
brindare	*anstoßen*
suonare	*spielen*
lo strumento	*Instrument*
il/la giornalista	*Journalist/-in*
il/la musicista	*Musiker/-in*
il/la cuoco/-a	*Koch/Köchin*
il/la barista	*Barmann/-frau*
il/la maestro/-a	*Lehrer/-in*
il/la fotografo/-a	*Fotograf/-in*
il/la tassista	*Taxifahrer/-in*
il/la cassiere/-a	*Kassierer/-in*
Come?	*Wie?*
Come stai?	*Wie geht es dir?*
stare	*(gut/schlecht) gehen*
tutto a posto	*alles in Ordnung*
grazie	*danke*
vedere	*sehen*
il tempo	*Zeit*
ora	*jetzt, nun*
Roma	*Rom*
davvero	*wirklich*
ma	*aber*
ricordarsi	*sich erinnern*
Che lavoro fai?	*Was bist du von Beruf?*
Che?	*Was?*
il lavoro	*Arbeit*
fare	*machen*

scrivere	*schreiben*
il quotidiano	*Tageszeitung*
importante	*wichtig*
Complimenti!	*Ich gratuliere!*
sempre	*immer (noch)*
ah sì	*ach ja*
è vero	*(das) stimmt*
vero/-a	*wahr*
Quanto/-a?	*Wie viel?*
il pianoforte	*Klavier*
il violino	*Violine*
Perché?	*Warum?*
qualcosa	*etwas*
forse	*vielleicht*
più tardi	*später*
buono/-a	*gut*
l'idea	*Idee*
Che cosa?	*Was?*
studiare	*studieren, lernen*
avere	*haben*
Quanti anni hai?	*Wie alt bist du?*
Dove?	*Wo? Wohin?*
qui	*hier*
in via Garibaldi	*in der Garibaldistraße*
lo studio	*Studium*
per studio	*zum Studieren*
la medicina	*Medizin*
l'/la informatico/-a	*Informatiker/-in*
il/la meccanico/-a	*Mechaniker/-in*
il/la chitarrista	*Gitarrist/-in*
benissimo	*sehr gut*
più o meno	*einigermaßen*
così così	*so lala*
male	*schlecht*
abbastanza	*ziemlich*
la canzone	*Lied*
conoscere	*kennen*
il bar	*Bar*
tuo/-a	*dein/-e*
il francese (Sprache)	*Französisch*
lo spagnolo (Sprache)	*Spanisch*
il riso	*Reis*
il tonno	*Thunfisch*
il pisellino	*kleine Erbse*
il prosciutto	*Schinken*
cotto/-a	*gekocht*
l'uovo (Pl. **le uova**)	*Ei*
la carota	*Karotte, Möhre*
il peperone	*Paprika*
il cetriolino sott'aceto	*Gewürzgurke*
l'acqua	*Wasser*
lo spritz	*Aperol Spritz*
il cubetto	*Würfel*
il ghiaccio	*Eis*
l'acqua frizzante	*Sprudelwasser*
la cannuccia	*Strohhalm*
l'arancia	*Orange*
Siena	(ital. Stadt)
il foglio	*Blatt*
la pinzatrice	*Heftmaschine*

0	zero	40	quaranta
1	uno	41	quarantuno
2	due	43	quarantatré
3	tre	48	quarantotto
4	quattro	50	cinquanta
5	cinque	51	cinquantuno
6	sei	53	cinquantatré
7	sette	58	cinquantotto
8	otto	60	sessanta
9	nove	61	sessantuno
10	dieci	63	sessantatré
11	undici	68	sessantotto
12	dodici	70	settanta
13	tredici	71	sessantuno
14	quattordici	73	sessantatré
15	quindici	78	sessantotto
16	sedici	80	ottanta
17	diciassette	81	ottantuno
18	diciotto	83	ottantatré
19	diciannove	88	ottantotto
20	venti	90	novanta
21	ventuno	91	novantuno
22	ventidue	93	novantatré
23	ventitré	98	novantotto
24	ventiquattro	100	cento
25	venticinque		
26	ventisei		
27	ventisette		
28	ventotto		
29	ventinove		
30	trenta		
31	trentuno		
33	trentatré		
38	trentotto		

Che odorino!

WAS FÜR EIN DUFT!

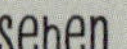

Du bist in Rom, es ist ein Sommerabend, die Straßen sind voller lachender Leute. Jetzt hast du großen Hunger und suchst nach einem Lokal. Du siehst schon von weitem ein leuchtendes Schild mit der Aufschrift „Trattoria da Felice". Was tust du? Gehst du weiter oder hinein? Wenn du über die Schwelle trittst, wirst du von den Gerüchen der typisch römischen Küche überflutet. Hier willst du etwas essen! Dafür sind folgende Begriffe hilfreich.

hören
Tr. 13

il menu
Speisekarte

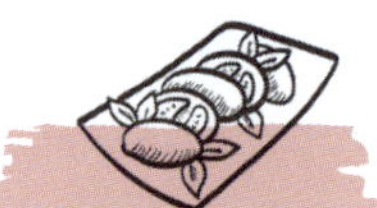

l'antipasto
Vorspeise

la pasta
Nudeln

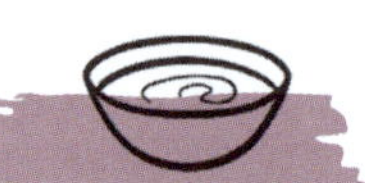

la zuppa
Suppe

la carne
Fleisch

la bistecca
Steak

il pesce
Fisch

la verdura
Gemüse

il contorno
Beilage

l'insalata
Salat

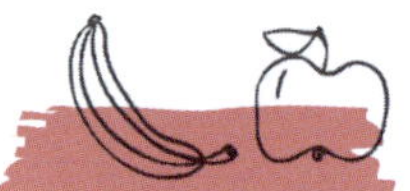

la frutta
Obst

il dolce
Nachspeise

il gelato
Eis

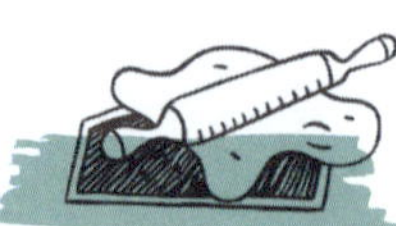

la crostata
Mürbteigkuchen

la bottiglia
Flasche

il bicchiere
Glas

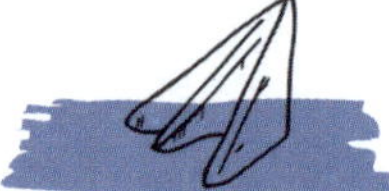

il tovagliolo
Serviette

la forchetta
Gabel

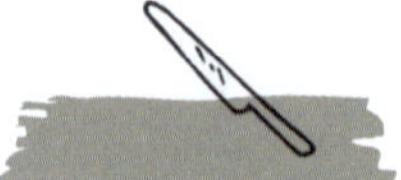

il coltello
Messer

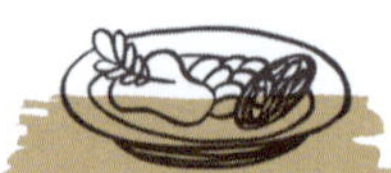

il piatto
Teller

Tr. 14

- Buonasera signora, cosa desidera?
- ◎ Buonasera, ancora non lo so...
- Non c'è problema, torno tra dieci minuti.
- ◎ Scusi, cameriere? Sono pronta per ordinare.
- Arrivo subito.
- ◎ Allora... come primo prendo gli spaghetti alla carbonara. E come secondo... cosa consiglia lo chef?
- Oggi ci sono i saltimbocca alla romana, tipici della cucina locale.
- ◎ Perfetto! E poi come contorno vorrei un'insalata mista per favore.
- E da bere?
- ◎ Un bicchiere di vino bianco e una bottiglia di acqua naturale.
- Come dolci abbiamo il tiramisù o lo strudel di mele.
- ◎ Per ora no grazie.

1 Du sitzt am Nebentisch und lauschst der Bestellung. Jetzt bist du dran mit dem Bestellen. Was sagst du, ...

1. ... um einen Salat zu bestellen?
2. ... um den Kellner / die Kellnerin zu rufen?
3. ... um etwas abzulehnen?
4. ... um höflich „bitte" zu äußern?
5. ... um die Rechung zu verlangen?
6. ... wenn du unschlüssig bist?
7. ... wenn du bereit bist zu bestellen?

A Per ora no grazie.
B Vorrei un'insalata. / Prendo un'insalata.
C Non lo so.
D Cameriere, il conto!
E Per favore.
F Sono pronto/-a per ordinare.
G Scusi!

2 Was steht auf einer Speisekarte? Finde die Begriffe in der Wörterschlange und schreib sie neben die Übersetzung.

NDOLCITEPRIMIOPSECONDILANTIPASTISCONTORNIVBEVANDE

1. Vorspeisen ➡ ____________ **2.** Erste Gänge ➡ ____________
3. Zweite Gänge ➡ ____________ **4.** Beilagen ➡ ____________
5. Nachspeisen ➡ ____________ **6.** Getränke ➡ ____________

3 hören Tr. 15

Hör die Sätze an, die der Kellner sagt, und beantworte die Fragen, indem du unter diesen Gerichten und Getränken auf der Speisekarte auswählst. Benutz dabei die Ausdrücke **vorrei** *ich möchte* oder **prendo** *ich nehme*.

* una birra * un risotto * un piatto di formaggi * una pizza
* una bistecca * un piatto di verdure * una crostata
* una zuppa * un gelato * una bottiglia di vino

4 hören Tr. 16

Leckeres Essen morgens, mittags, abends – und wie heißen die Mahlzeiten? Hör, was die Leute essen (**mangiare**) und trinken (**bere**), und ordne dann die Mahlzeiten zu.

1

2

3

4

___ **A** la cena *Abendessen*

___ **B** il pranzo *Mittagessen*

___ **C** la colazione *Frühstück*

___ **D** la merenda *Zwischenmahlzeit*

5 fühlen

Wie sieht dein Tisch aus? Ergänz die Zeichnung und schreib den Namen jedes Gegenstandes daneben (wenn du nicht alle kennst, schlag sie im Wörterbuch nach), aber das ist noch nicht alles! Nimm dann jeden Gegenstand in die Hand, sag seine Bezeichnung laut und verbinde ihn mit dem Gefühl, das du erlebst. Klirren die Gläser? Ist das Besteck kalt? Ist die Serviette weich?

Das Geschlecht und die Pluralbildung der Substantive

Substantive sind im Italienischen männlich oder weiblich. Die Wörter auf **-o** sind meist männlich, die auf **-a** meist weiblich und die auf **-e** entweder männlich oder weiblich:

-o	**contorno**	-a	**insalata**
-e	**bicchiere**	-e	**carne**

Bei den Substantiven auf **-e** erkennt man das Geschlecht am Artikel oder an den begleitenden Adjektiven: **il pesce fresco**, **la carne fresca**.
Besonderheiten: Substantive, die auf einem Konsonanten enden, sind in der Regel männlich: **lo yogurt**, **lo strudel**, **il bar**, etc.

Im Plural enden die männlichen Substantive auf **-i**, bei den weiblichen wird **-a** zu **-e** und **-e** zu **-i**:

-i	**contorni**	-e	**insalate**
-i	**bicchieri**	-i	**carni**

Besonderheiten: Substantive, die auf einem Vokal mit Akzent oder auf einem Konsonanten enden, bleiben unverändert: un caffè ➡ due caffè, un bar ➡ due bar

6 Was isst du gerne? Was trinkst du normalerweise? Ordne die Wörter der richtigen Kategorie, **cibi** *Speisen* oder **bevande** *Getränke*, zu und schreib den Plural dazu. Sind die Wörter männlich oder weiblich? Kreuz an.

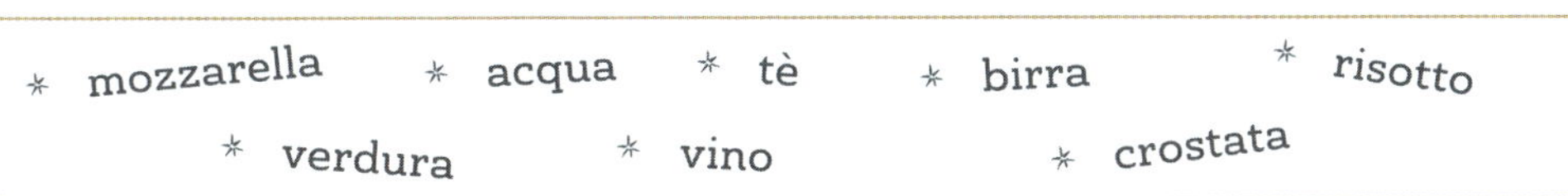

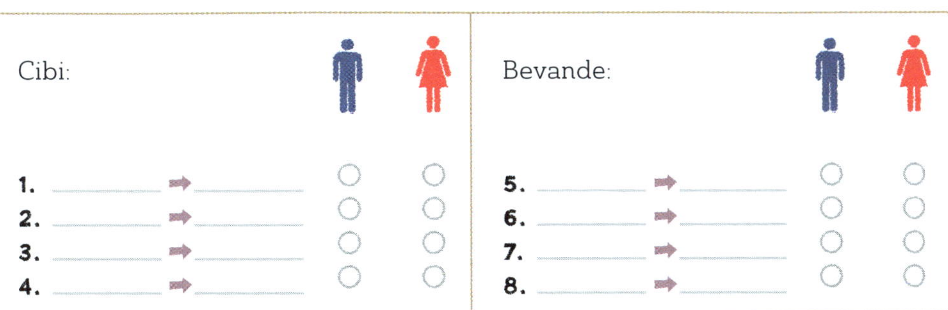

REZEPT

Saltimbocca alla romana

KALBSSCHNITZEL MIT SCHINKEN UND SALBEI

Schmecken

Hast du Lust, das typische Rezept der römischen Küche nachzukochen? Die **saltimbocca alla romana** sind ein schneller und einfacher zweiter Gang mit Fleisch, perfekt als „Notfallessen". Und sie haben so einen lustigen Namen. Er bedeutet „spring in den Mund". Einladend, oder?

Zutaten:

6 fettine di vitello - **6 fette** di prosciutto crudo - **6 foglie** di salvia - **1 cucchiaio** di burro - **1 cucchiaio** di farina - **1 tazzina** di vino bianco secco - sale - pepe

1. Die Kalbsschnitzel auf einem Schneidebrett ausbreiten und auf jedem Fleischstück eine Scheibe rohen Schinken und in die Mitte ein Salbeiblatt legen.
2. Die drei Schichten mit einem Zahnstocher verbinden und die Unterseite der Schnitzel in Mehl wälzen.
3. Die Butter in einer großen Pfanne bei schwacher Hitze zergehen lassen, dann die Fleischscheiben hineinlegen.
4. Nach etwa einer Minute den Weißwein hinzugießen und alles ablöschen, indem man die Pfanne eine weitere Minute schwenkt.
5. Die *saltimbocca* auf einen Servierteller legen und nach Belieben mit Salz und Pfeffer abschmecken.

la fettina di vitello *dünne Kalbsschnitzel*
il prosciutto crudo *roher Schinken*
la salvia *Salbei*
il burro *Butter*
la farina *Mehl*
la tazzina *kleine Tasse*
il vino bianco secco *trockener Weißwein*

7 riechen

Nicht nur Salbei! In der Küche Roms macht man ausgiebig Gebrauch von **erbe aromatiche**. Lies die Namen weiterer Küchenkräuter und stell dir dabei vor, wie sie riechen. Wenn du einige davon zu Hause hast, riech an ihnen!

* **basilico** *Basilikum*
* **menta** *Minze*
* **alloro** *Lorbeerblatt*
* **prezzemolo** *Petersilie*
* **origano** *Oregano*
* **rosmarino** *Rosmarin*

Der unbestimmte Artikel

Wenn man im Italienischen etwas zum ersten Mal erwähnt, benutzt man den unbestimmten Artikel (vgl. *ein*, *eine*). Hier ein paar Dinge, die z. B. ein Kellner auf einen Zettel für eine Bestellung geschrieben hat:

vor Konsonant, vor Vokal und **h**	**un antipasto**	vor Konsonant	**una torta**
vor **s** + Konsonant und vor **gn**, **pn**, **ps**, **x**, **y**, **z**	**uno strudel**	vor Vokal	**un'insalata**

Es gibt …

Im Dialog sagt der Kellner zur Frau: **Oggi ci sono i saltimbocca alla romana**. Die Ausdrücke **c'è** + Substantiv im Singular / **ci sono** + Substantiv im Plural entsprechen dem deutschen *es gibt*.

8 fühlen

Steh jetzt auf und geh in die Küche. Öffne deinen Kühlschrank und beschreib den Inhalt. Verwende **c'è** und den unbestimmten Artikel und **ci sono** und ein Zahlwort. Du kannst dazu erzählen: **Nel mio frigorifero c'è uno yogurt**, **ci sono cinque carote** …

c'è	ci sono

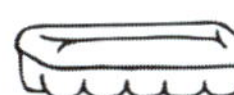

9 Wie schmeckt das? Wie fühlt sich das an? Ordne zuerst jedem Bild den passenden Satz zu, dann ergänz das Adjektiv. Gleich die Endung an, wo nötig.

fühlen

schmecken

___ **A** I capperi sono (salato *salzig*) ______________________

___ **B** La torta è (dolce *süß*) ______________________

___ **C** I gelati sono (freddo *kalt*) ______________________

___ **D** Il tè è (caldo *heiß*) ______________________

___ **E** Il peperoncino è (piccante *scharf*) ______________________

___ **F** Il radicchio è (amaro *bitter*) ______________________

___ **G** I limoni sono (aspro *sauer*) ______________________

___ **H** Le carote sono (crudo *roh*) ______________________

10 Im Restaurant wirst du sicher folgende Sätze und Fragen benutzen oder hören. Hör sie und sprich sie nach.

hören

Tr. 17

Cosa desidera?	*Was wünschen Sie?*
Vuole ordinare?	*Möchten Sie bestellen?*
E da bere?	*Und zu trinken?*
Le porto subito il menu.	*Ich bringe Ihnen sofort die Speisekarte.*
Avete un tavolo per due?	*Haben Sie einen Tisch für zwei Personen?*
Cosa consiglia lo chef?	*Was empfiehlt der Küchenchef?*
Vorrei un risotto.	*Ich möchte ein Risotto.*
Prendo un panino.	*Ich nehme ein belegtes Brötchen.*
Per me un'insalata.	*Für mich einen Salat.*
Il conto, per favore!	*Die Rechnung, bitte!*
Posso pagare con la carta?	*Kann ich mit Karte bezahlen?*

fühlen

Was hast du zum Frühstück, Mittag- und Abendessen gegessen? Zeichne die verschiedenen Lebensmittel und schreib ihre Namen auf Italienisch daneben, wenn du willst auch die Gewürze und Kräuter. Sie sind vielleicht im **stomaco** *Magen* nicht mehr ganz so hübsch anzusehen, aber das stört uns hier nicht!

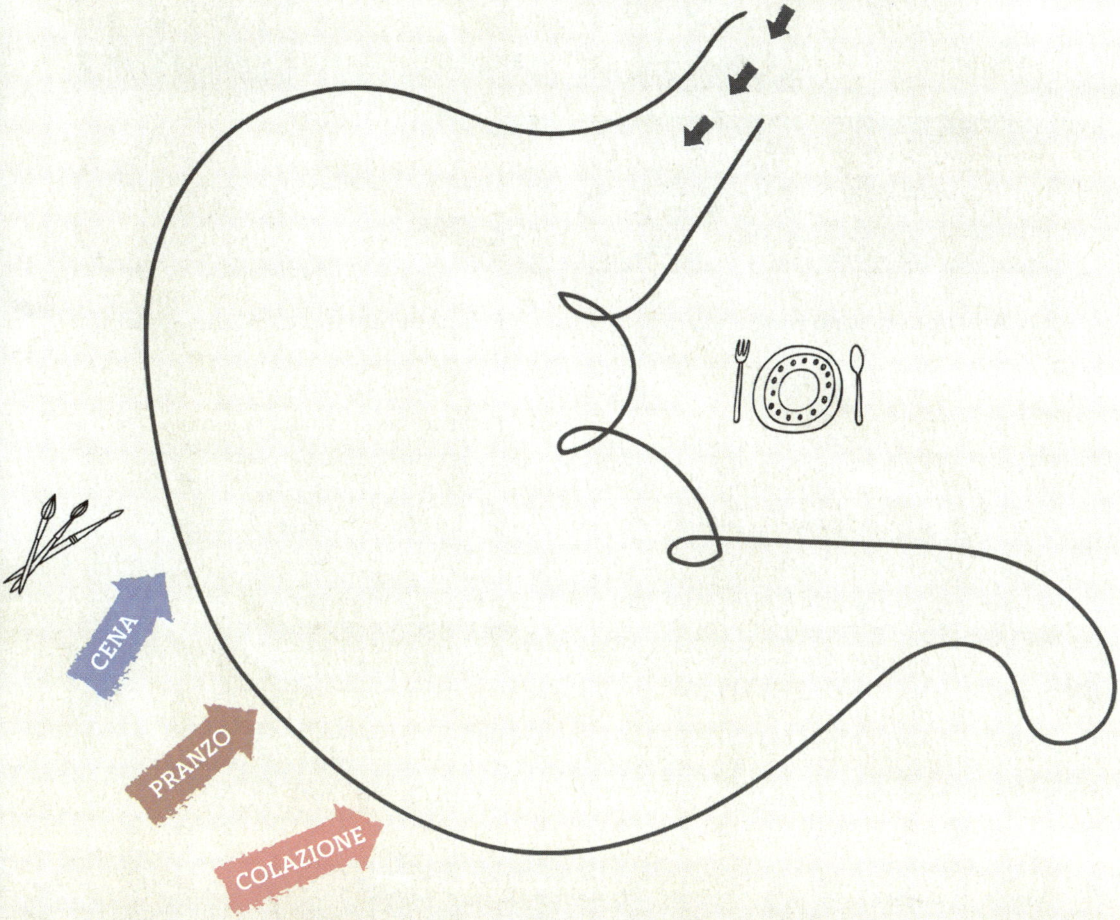

CENA

PRANZO

COLAZIONE

BITTE UND ANREDE

Auf **grazie** *danke* antwortet man mit **prego** *bitte*. Wenn du aber jemanden – zum Beispiel den Kellner oder die Kellnerin – um etwas bittest, dann heißt *bitte* **per favore**. Im Unterschied zum Deutschen kennt das Italienische eine elegante Möglichkeit, fremde Personen anzusprechen. Einen Herrn oder eine Frau spricht man mit **signore** bzw. **signora** an. Und zur Bedienung sagt man einfach **cameriere**.

ITALIENISCHE ORTE

Auch wenn du weit weg von Italien bist, kannst du die italienische Atmosphäre einatmen, indem du „italienische" Orte in deiner Stadt besuchst, z. B. italienische Bars und Restaurants. Wenn das Personal Italienisch spricht, bestell auf Italienisch mit den Ausdrücken aus Übung 10!

Lösungen

1. 1. B, 2. G, 3. A, 4. E, 5. D, 6. C, 7. F
2. antipasti, 2. primi, 3. secondi, 4. contorni, 5. dolci, 6. bevande
4. 1. B, 2. C, 3. D, 4. A
6. 1. mozzarella – mozzarelle W, 2. verdura – verdure W, 3. crostata – crostate W, 4. risotto – risotti M, 5. acqua – acque W, 6. vino – vini M, 7. tè – tè M, 8. birra – birre W
9. 1. B dolce, 2. D caldo, 3. G aspri, 4. C freddi, 5. E piccante, 6. A salati, 7. H crude, 8. F amaro

Transkriptionen

TR.1

- Buonasera signora, cosa desidera? — *Guten Abend, was wünschen Sie?*
- Buonasera, ancora non lo so... — *Guten Abend, ich weiß es noch nicht ...*
- Non c'è problema, torno tra dieci minuti. — *Kein Problem, ich bin in 10 Minuten zurück.*
- Scusi, cameriere? Sono pronta per ordinare. — *Entschuldigen Sie, Kellner? Ich bin bereit zu bestellen.*
- Arrivo subito. — *Ich komme sofort.*
- Allora... come primo prendo gli spaghetti alla carbonara. E come secondo... cosa consiglia lo chef? — *Dann ... als ersten Gang nehme ich Spaghetti alla carbonara. Und als zweiten ... was empfiehlt der Küchenchef?*
- Oggi ci sono i saltimbocca alla romana, tipici della cucina locale. — *Heute gibt es Saltimbocca alla romana, typisch für die lokale Küche.*
- Perfetto! E poi come contorno vorrei un'insalata mista per favore. — *Perfekt! Und als Beilage hätte ich dann gerne einen gemischten Salat, bitte.*
- E da bere? — *Und zu trinken?*
- Un bicchiere di vino bianco e una bottiglia di acqua naturale. — *Ein Glas Weißwein und eine Flasche stilles Wasser.*
- Come dolci abbiamo il tiramisù o lo strudel di mele. — *Als Nachspeise haben wir Tiramisu oder Apfelstrudel.*
- Per ora no grazie. — *Vorerst nein, danke.*

TR.15

- Buongiorno, cosa desidera? — *Guten Tag, was wünschen Sie?*
- Come primo cosa prende? — *Als ersten Gang, was nehmen Sie?*
- E come secondo? — *Und als zweiten?*
- E da bere? — *Und zu trinken?*
- Le porto un dolce? — *Möchten Sie eine Nachspeise?*

TR.16

- A pranzo non ho tempo e mangio davanti al computer. — *Zum Mittagessen habe ich keine Zeit und esse vor dem Computer.*
- Non faccio colazione, bevo solo un caffè. — *Ich frühstücke nicht, ich trinke nur Kaffee.*
- Faccio una pausa dal lavoro e mangio un po' di frutta. — *Ich mache eine Pause von der Arbeit und esse etwas Obst.*
- A cena mangio sempre la pasta. — *Zum Abendessen esse ich immer Nudeln.*

Lektionswortschatz

Che... (+ Substantiv)!	*Was für ein/-e ...!*
l'odorino	*Duft, Düftchen*
il menu	*Speisekarte*
l'antipasto	*Vorspeise*
la pasta	*Nudeln*
la zuppa	*Suppe*
la carne	*Fleisch*
la bistecca	*Steak*
il pesce	*Fisch*
la verdura	*Gemüse*
il contorno	*Beilage*
l'insalata	*Salat*
la frutta	*Obst*
il dolce	*Nachspeise, Süßigkeit*
il gelato	*Eis*
la crostata	*Mürbeteigkuchen*
la bottiglia	*Flasche*
il bicchiere	*Glas*
il tovagliolo	*Serviette*
la forchetta	*Gabel*
il coltello	*Messer*
il piatto	*Teller*
Cosa?	*Was?*

desiderare	*wünschen*
ancora	*noch*
non lo so	*ich weiß es nicht*
non c'è problema	*(das ist) kein Problem*
il problema	*Problem*
tornare	*zurückkehren*
tra	*in* (zeitlich)
il minuto	*Minute*
Scusi!	*Entschuldigen Sie!*
il/la cameriere/-a	*Kellner/-in*
pronto/-a	*bereit*
ordinare	*bestellen*
arrivare	*(an)kommen*
il primo (piatto)	*erster Gang*
come primo	*als ersten Gang*
prendere	*nehmen*
gli spaghetti alla carbonara	(ital. Gericht)
il secondo (piatto)	*zweiter Gang*
come secondo	*als zweiten Gang*
consigliare	*empfehlen*
lo chef	*Küchenchef*
c'è / ci sono	*es gibt*
i saltimbocca alla romana	(ital. Gericht)
tipico/-a	*typisch*
locale	*lokal*
Perfetto!	*Perfekt!*
poi	*dann*
vorrei	*ich möchte, ich hätte gern*
misto/-a	*gemischt*
per favore	*bitte*
E da bere?	*Und zu trinken?*
bianco/-a	*weiß*
l'acqua naturale	*stilles Wasser*
il tiramisù	*Tiramisu*
lo strudel di mele	*Apfelstrudel*
per ora	*vorerst*
il conto	*Rechnung*
il risotto	*Risotto*
la pizza	*Pizza*
la bevanda	*Getränk*
mangiare	*essen*
la cena	*Abendessen*
il pranzo	*Mittagessen*
la colazione	*Frühstück*
la merenda	*Zwischenmahlzeit*
davanti a	*vor*
il computer	*Computer*
la pausa	*Pause*
un po' di	*etwas, ein wenig*
lo yogurt	*Joghurt*
il cibo	*Speise*
la mozzarella	*Mozzarella*
il tè	*Tee*
la fettina	*dünne Scheibe*
il vitello	*Kalb(fleisch)*
crudo/-a	*roh*
la salvia	*Salbei*
il burro	*Butter*
la farina	*Mehl*
la tazzina	*kleine Tasse*
secco/-a	*trocken*
l'erba aromatica	*Küchenkraut*
la menta	*Minze*
l'alloro	*Lorbeer*
il prezzemolo	*Petersilie*
l'origano	*Oregano*
il rosmarino	*Rosmarin*
mio/-a	*mein/-e*
il frigorifero	*Kühlschrank*
salato/-a	*salzig*
dolce	*süß*
freddo/-a	*kalt*
caldo/-a	*warm, heiß*
il peperoncino	*Chilischote*
piccante	*scharf*
il radicchio	*Radicchio*
amaro/-a	*bitter*
il limone	*Zitrone*
aspro/-a	*sauer*
vuole	hier: *Sie wollen*
il tavolo	*Tisch*
il panino	*(belegtes) Brötchen*
per me	*für mich*
posso	*ich kann*
pagare	*(be)zahlen*
con	*mit*
la carta	*(EC-)Karte*
prego	*bitte*
lo stomaco	*Magen*

Adoro la fotografia!

ICH LIEBE FOTOGRAFIE!

Bist du gern draußen unterwegs oder liegst du in deiner Freizeit am liebsten mit einem Buch in der Hand auf dem Sofa? Wanderst du gerne oder gehst du lieber ins Kino? Betätigst du dich künstlerisch, malst du vielleicht? Treibst du Sport oder verbringst du lieber deine Freizeit am Herd? Lies einige dieser Aktivitäten auf Italienisch: Ist etwas dabei, das du auch machst?

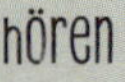

Tr. 18

andare al cinema
ins Kino gehen

andare a teatro
ins Theater gehen

andare in bicicletta
Fahrrad fahren

fare ginnastica
Gymnastik machen

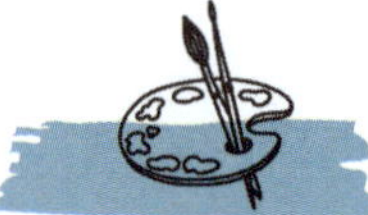

dipingere
malen

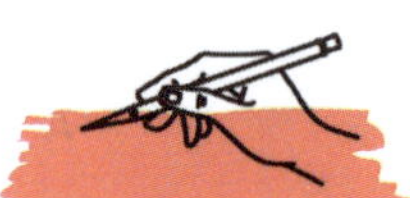

disegnare
zeichnen

fare fotografie
fotografieren

fare bricolage
basteln

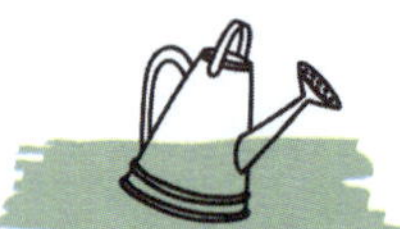

fare giardinaggio
gärtnern

fare trekking
wandern

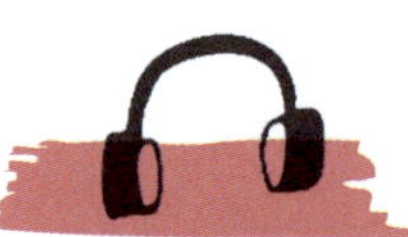

ascoltare musica
Musik hören

cantare
singen

ballare
tanzen

cucinare
kochen

leggere
lesen

fare shopping
shoppen

passeggiare
spazieren gehen

uscire con gli amici
mit Freunden ausgehen

giocare a tennis
Tennis spielen

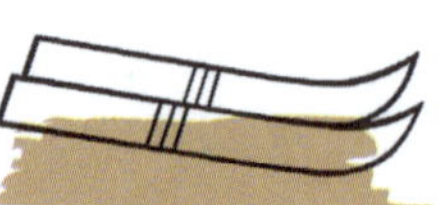

sciare
Ski fahren

Tr. 19

- Buongiorno a tutti, mi chiamo Valerio. La mia grande passione è l'arte: mi piace dipingere e disegnare. Nel tempo libero esco con gli amici e vado al cinema. Sono qui perché adoro la fotografia, ma non mi piacciono le immagini digitali... sì, sono un po' retro!

- Ciao! Il mio nome è Claudia. Nel tempo libero suono il violoncello. Mi piacciono molto i concerti di musica classica. Nel fine settimana preferisco andare in bicicletta o in montagna. Sì, sono una persona con molti interessi, e ora voglio anche imparare a fotografare!

1 Valerio und Claudia stellen sich bei einem Fotokurs vor, an dem auch du teilnimmst. Was sagen sie, ... Ordne die Ausdrücke zu.

1. ... wenn ihnen etwas gefällt?	•	**A**	Non mi piace/piacciono.
2. ... wenn ihnen etwas nicht gefällt?	•	**B**	Preferisco...
3. ... wenn sie etwas anderes bevorzugen?	•	**C**	Adoro...
4. ... wenn sie etwas sehr mögen?	•	**D**	Voglio...
5. ... wenn sie etwas vorhaben?	•	**E**	Mi piace/piacciono molto.

2 fühlen

Wörter lernst du, wenn du sie auch mit dem Körper fühlst. Schau dir die Freizeitaktivitäten auf der ersten Seite noch einmal an. Stell dich dann hin und versuch die Tätigkeiten, die du gerne machst, nachzuahmen, während du die italienischen Wörter im Kopf wiederholst: z. B. **mi piace ballare** *ich tanze gerne*. Noch besser funktioniert das, wenn es jemanden gibt, der die Aktivitäten errät!

3 hören Tr. 20

Ti piace la fotografia? *Magst du Fotografie?* Hör die verschiedenen Antworten und ordne sie dann in abnehmender Reihenfolge, von sehr bis gar nicht.

1. Sì, ...

2. Sì, ...

3. Sì, ...

4. No, ...

5. No, ...

* moltissimo
* abbastanza
* non molto
* molto
* per niente

4 sehen

Giocare a *spielen* oder **fare** *machen*? Schreib die Verben unter die Sportarten, mit denen sie benutzt werden.

1. ______ yoga

2. ______ calcio

3. ______ jogging

4. ______ pallavolo

5. ______ basket

6. ______ golf

7. ______ nuoto

! Im Zusammenhang mit einer Sportart wird das Verb **giocare** immer von der Präposition **a** begleitet.

5 riechen

Beim „Abspeichern" neuer Begriffe ist auch das Riechen sehr hilfreich. Versuch es mal so: Hast du die Sportarten in Übung 4? Welche Gerüche verbindest du damit? Welche Assoziationen? Z.B. **nuoto** *Schwimmen* – **cloro** *Chlor*, **yoga** *Yoga* – **incenso** *Weihrauch*? Überleg weiter!

______ → ______

______ → ______

______ → ______

6 hören Tr. 21

Wo sind diese Menschen gerade? Hör die Geräusche und wähl auch mithilfe der Interessen der Personen die Orte in der Wortschlange aus.

FEMONTAGNATIGIARDINOLICSTADIOSUOLIBRERIAGHPALESTRA

1. Mi piace fare giardinaggio. ______

2. Voglio essere sempre in forma *(fit)*. ______

3. Mi piacciono i libri *(Bücher)*. ______

4. Sono un appassionato *(Fan)* di calcio. ______

5. La mia passione è lo sci. ______

Das Verb piacere

Um zu sagen, was man mag oder nicht mag, benutzt man das Verb **piacere** *gefallen, mögen, gern machen.* Das Verb wird meistens in der 3. Person Singular und Plural verwendet, und zwar so:

- **(non) mi piace** + Verb im Infinitiv: **Mi piace dipingere.** *Ich male gern.*
- **(non) mi piace** + Substantiv im Singular: **Mi piace la musica.** *Ich mag Musik.*
- **(non) mi piacciono** + Substantiv im Plural: **Non mi piacciono le immagini digitali.** *Digitale Bilder gefallen mir nicht.*

7 Bilde Sätze, indem du statt der Smileys das Verb **piacere** verwendest. Erzähl am Ende etwas über deine Vorlieben!

1. :-) ______ giocare a tennis, ma :-(______ perdere *(verlieren).*
2. :-) ______ la musica, ma :-(______ i concerti all'aperto *(im Freien).*
3. :-) ______, ma :-(______.

Die Verben auf -ire

Außer der Konjugation auf **-are** und **-ere** gibt es noch die auf **-ire**. Die Verben auf **-ire** werden entweder wie **sentire** *hören, fühlen* oder wie **preferire** *lieber mögen, vorziehen* konjugiert:

io	**sento**	**preferisco**	Die sogenannte Stammerweiterung **-isc-** wird zwischen dem Stamm und der Endung eingefügt, aber nur im Singular und in der 3. Person Plural.
tu	**senti**	**preferisci**	
lui/lei/Lei	**sente**	**preferisce**	
noi	**sentiamo**	**preferiamo**	
voi	**sentite**	**preferite**	
loro	**sentono**	**preferiscono**	

Wie **sentire** konjugiert man auch **partire** *wegfahren* und **dormire** *schlafen*; wie **preferire**, also mit **-isc-**, die Verben **finire** *(be)enden* und **pulire** *sauber machen, putzen.*

8 Mit oder ohne **-isc-**? Ergänz die angegebenen Verben in der richtigen Form.

1. Nel tempo libero (io – pulire) ______ sempre il giardino.
2. Il concerto (finire) ______ alle 20.
3. Oggi (loro – partire) ______ per le vacanze.
4. Il fine settimana Marco (dormire) ______ molto.

REZEPT

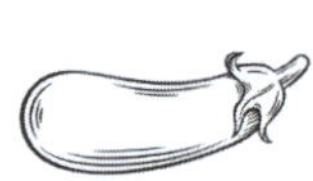

Parmigiana di melanzane

AUBERGINENAUFLAUF

schmecken

Wenn du sportlich und viel unterwegs bist, wenig Zeit zum Essen hast und dich vor deiner Aktivität leicht fühlen willst, Finger weg von diesem Rezept! Auch wenn du eines der schmackhaftesten Gerichte Süditaliens verpassen würdest ...

Zutaten:

1 kg di melanzane - **700 ml** di passata di pomodoro - **450 g** di mozzarella - **80 g** di parmigiano grattugiato - **1 cucchiaio** di olio extravergine d'oliva - **1** cipolla - basilico - sale - olio per friggere

1. Die gehackte Zwiebel in Öl anbraten, das Tomatenpüree und den Basilikum hinzufügen, salzen und alles ca. 20 Minuten kochen lassen.
2. In der Zwischenzeit die Auberginen waschen, abtrocknen und in Scheiben (4–5 mm) schneiden.
3. Die Auberginen in reichlich Öl anbraten.
4. Den Mozzarella in Scheiben schneiden.
5. Auberginen, Mozzarella, Basilikumblätter, Parmesankäse und die Soße schichtweise in eine Backform geben.
6. Die letzte Schicht besteht aus Soße und Parmesan.
7. Den Auflauf im Ofen ca. 35–40 Minuten bei 180 °C backen.

la melanzana *Aubergine*
la passata di pomodoro *Tomatenpüree*
il parmigiano grattugiato *geriebener Parmesan*
la cipolla *Zwiebel*
olio per friggere *Frittieröl*

Die Verben andare und uscire

Um über Interessen sprechen zu können, brauchst du die unregelmäßigen Verben **andare** *gehen, fahren* und **uscire** *ausgehen*, z. B.: **vado in bicicletta** und **esco con gli amici.** Hier lernst du die Formen:

io	**vado**	**esco**	Hast du bemerkt, dass diese Verben im Singular und in der 3. Person Plural unregelmäßig sind?
tu	**vai**	**esci**	
lui/lei/Lei	**va**	**esce**	
noi	**andiamo**	**usciamo**	
voi	**andate**	**uscite**	
loro	**vanno**	**escono**	

Dem Verb **andare** folgt in der Regel die Präposition **a** oder **in** + Orte. Deshalb solltest du die folgenden Ausdrücke auswendig lernen:
andare a teatro *ins Theater* / **al cinema** *ins Kino* / **al mare** *ans Meer* / **a scuola** *in die Schule gehen, fahren*
andare in piscina *ins Schwimmbad* / **in montagna** *in die Berge* / **in campagna** *aufs Land* / **in palestra** *ins Fitnessstudio gehen, fahren*

9 Wohin gehen oder fahren diese Personen? Schreib einen Satz mit dem Verb **andare** und der richtigen Präposition.

sehen

1. Loro ______________ scuola.
2. Voi ______________ montagna.
3. Lei ______________ mare.

4. Noi ______________ palestra.
5. Io ______________ cinema.
6. Lui ______________ piscina.

TARANTELLA

Lust auf Tanzen? Dann such im Internet nach einem Videotutorial, um einen der berühmtesten italienischen Volkstänze, die Tarantella, zu lernen und gib dich dabei dem hypnotischen Rhythmus der Musik hin.

10

fühlen

Am leichtesten und *sinn*-vollsten lernst du, wenn wenn das, was du lernen möchtest, etwas mit dir und deinem Leben zu tun hat, wenn es dich wirklich interessiert und dir nützt. Erstell hier also eine eigene Mindmap zu deinen Hobbys und Interessen.

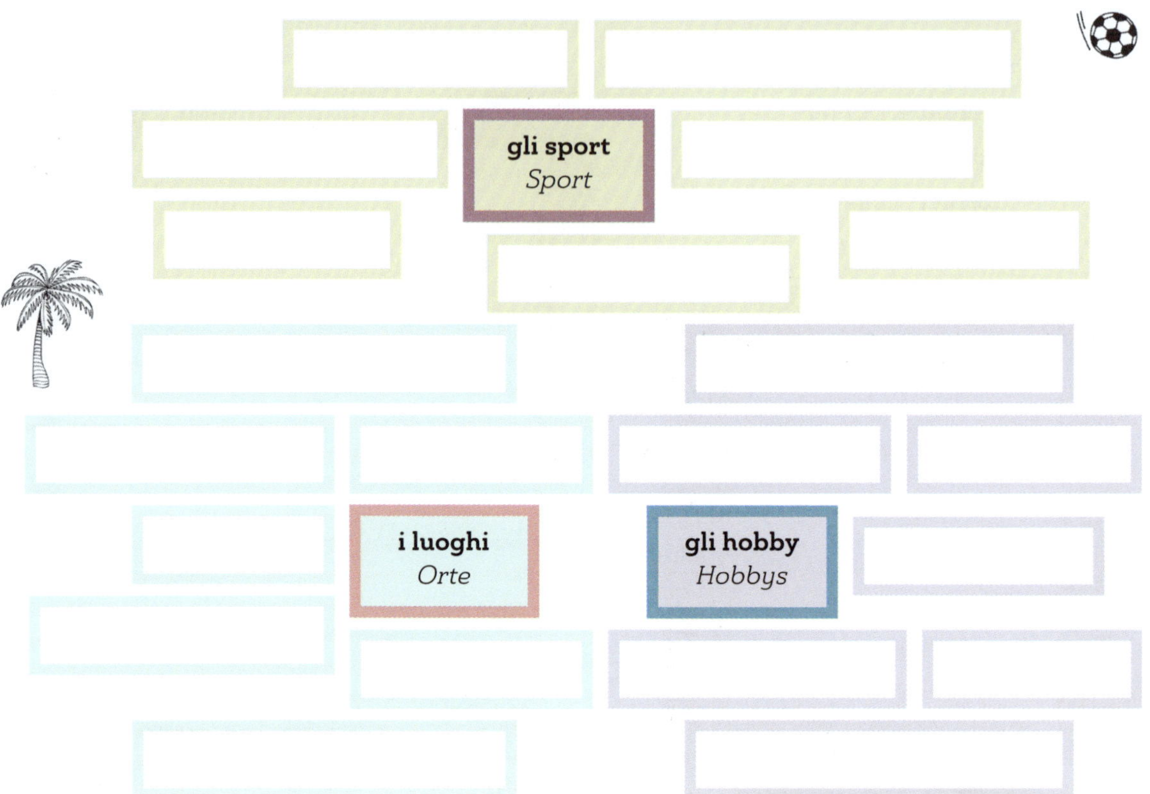

11

hören

Tr. 22

Wenn du über die Freizeit sprechen möchtest, kannst du folgende Sätze und Fragen benutzen. Hör sie und sprich sie nach.

Cosa fai nel tempo libero?	*Was machst du in der Freizeit?*
Leggo e cucino.	*Ich lese und koche.*
Ti piace la musica classica?	*Gefällt dir klassische Musik?*
Sì, mi piace molto. / No, non mi piace per niente.	*Ja, sie gefällt mir sehr. / Nein, sie gefällt mir überhaupt nicht.*
Preferisco la musica jazz.	*Ich bevorzuge Jazzmusik.*
La mia grande passione è...	*Meine große Leidenschaft ist ...*
Sono una persona con molti interessi.	*Ich bin eine Person mit vielen Interessen.*
Adoro...	*Ich mag ... sehr.*
Sono un appassionato di... / Sono un'appassionata di...	*Ich bin ein Fan von ...*
Quali sono i tuoi hobby?	*Was sind deine Hobbys?*
I miei hobby sono...	*Meine Hobbys sind ...*

12 Fotografierst du auch gern? Du brauchst keine Kamera, sondern nur ein Handy. Geh mit offenen Augen durch die Stadt und halte Ausschau nach „italienischen" Hinweisen: Namen von Lebensmitteln im Supermarkt, Schriftzüge an Wänden, Ladenschilder, Buchtitel ... Fotografier sie, druck sie aus, kleb sie hier ein und gib den Fotos einen Titel: Das wird deine erste Fotoausstellung zum Thema „Italienisch"!

Du brauchst:

- **cellulare** *Handy*
- **stampante** *Drucker*
- **forbici** *Schere*
- **colla** *Klebstoff*

Lösungen

1. 1. E, 2. A, 3. B, 4. C, 5. D
3. 1. moltissimo, 2. molto, 3. abbastanza, 4. non molto, 5. per niente
4. 1. fare, 2. giocare a, 3. fare, 4. giocare a, 5. giocare a, 6. giocare a, 7. fare
6. 1. giardino, 2. palestra, 3. libreria, 4. stadio, 5. montagna
7. 1. Mi piace, non mi piace; 2. Mi piace, non mi piacciono
8. 1. pulisco, 2. finisce, 3. partono, 4. dorme
9. 1. vanno a, 2. andate in, 3. va al, 4. andiamo in, 5. vado al, 6. va in

Transkriptionen

TR. 19

• Buongiorno a tutti, mi chiamo Valerio. La mia grande passione è l'arte: mi piace dipingere e disegnare. Nel tempo libero esco con gli amici e vado al cinema. Sono qui perché adoro la fotografia, ma non mi piacciono le immagini digitali… sì, sono un po' retro!	*Hallo zusammen, ich heiße Valerio. Meine große Leidenschaft ist die Kunst: Ich male und zeichne gern. In meiner Freizeit gehe ich mit Freunden aus und gehe ins Kino. Ich bin hier, weil ich die Fotografie liebe, aber ich mag keine digitalen Bilder … ja, ich bin ein bisschen retro!*
• Ciao! Il mio nome è Claudia. Nel tempo libero suono il violoncello. Mi piacciono molto i concerti di musica classica. Nel fine settimana preferisco andare in bicicletta o in montagna. Sì, sono una persona con molti interessi, e ora voglio anche imparare a fotografare!	*Hallo! Mein Name ist Claudia. In der Freizeit spiele ich Cello. Ich mag Klassikkonzerte sehr. Am Wochenende fahre ich lieber Rad oder gehe lieber in die Berge. Ja, ich bin eine Person mit vielen Interessen, und jetzt will ich auch fotografieren lernen!*

Lektionswortschatz

adorare	*sehr mögen, lieben*
la fotografia	*Fotografie, Foto*
andare	*gehen, fahren*
andare al cinema	*ins Kino gehen*
andare a teatro	*ins Theater gehen*
andare in bicicletta	*Fahrrad fahren*
fare ginnastica	*Gymnastik machen, turnen*
dipingere	*malen*
disegnare	*zeichnen*
fare fotografie	*fotografieren*
fare bricolage	*basteln*
fare giardinaggio	*gärtnern*
fare trekking	*wandern*
ascoltare musica	*Musik hören*
cantare	*singen*
ballare	*tanzen*
cucinare	*kochen*
leggere	*lesen*
fare shopping	*shoppen*
passeggiare	*spazieren gehen*
uscire	*ausgehen*
giocare	*spielen*
giocare a tennis	*Tennis spielen*
sciare	*Ski fahren*
tutti/-e	*alle*
grande	*groß*
la passione	*Leidenschaft*
piacere	*gefallen, mögen, gern machen*
mi piace / mi piacciono	*ich mag, mir gefällt*
il tempo libero	*Freizeit*
perché	*weil*
l'immagine (f.)	*Bild*
digitale	*digital*
un po'	*ein bisschen, etwas*
retro	*altmodisch, retro*
il violoncello	*Cello*
il concerto	*Konzert*
la musica classica	*klassische Musik*
il fine settimana	*Wochenende*
preferire	*lieber mögen, vorziehen, bevorzugen*
la persona	*Person*
l'interesse (m.)	*Interesse*
voglio	*ich will*
imparare	*lernen*

fotografare	*fotografieren*
moltissimo	*sehr*
per niente	*gar nicht*
fare yoga	*Yoga machen*
giocare a calcio	*Fußball spielen*
giocare a pallavolo	*Volleyball spielen*
giocare a basket	*Basketball spielen*
giocare a golf	*Golf spielen*
fare nuoto	*schwimmen*
fare jogging	*joggen*
il nuoto	*Schwimmen, Schwimmsport*
il cloro	*Chlor*
lo yoga	*Yoga*
l'incenso	*Weihrauch*
il giardino	*Garten*
lo stadio	*Stadion*
la libreria	*Bücherei*
la palestra	*Fitnessstudio*
in forma	*fit*
il libro	*Buch*
l'appassionato/-a	*Fan*
lo sci	*Skifahren*
perdere	*verlieren*
all'aperto	*im Freien*
sentire	*hören, fühlen*
pulire	*sauber machen, putzen*
finire	*(be)enden*
partire	*abreisen*
dormire	*schlafen*
la melanzana	*Aubergine*
la passata di pomodoro	*Tomatenpüree*
il parmigiano	*Parmesankäse*
grattugiato/-a	*gerieben*
la cipolla	*Zwiebel*
l'olio per friggere	*Frittieröl*
friggere	*frittieren, braten*
il mare	*Meer*
la scuola	*Schule*
la piscina	*Schwimmbad*
la campagna	*Land* (Gegensatz zu Stadt)
la tarantella	(ital. Volkstanz)
lo sport	*Sport(art)*
il luogo	*Ort*
l'hobby (m.)	*Hobby*
la musica jazz	*Jazzmusik*
Quale/-i?	*Welche/-r/-s? Was?*
il cellulare	*Handy*

Di nuovo lunedì...

IMMER WIEDER MONTAGS ...

sehen

Dring, dring, dring! Der Wecker klingelt, dein Tag beginnt. Was erwartet dich? Was machst du jeden Tag? Welche Gegenstände benutzt du immer? Wohin gehst du regelmäßig? Wir sind neugierig, wie dein Tagesablauf aussieht. Wenn du es auf Italienisch erzählst, brauchst du die folgenden Begriffe.

hören
Tr. 23

svegliarsi
aufwachen

alzarsi
aufstehen

lavarsi
sich waschen

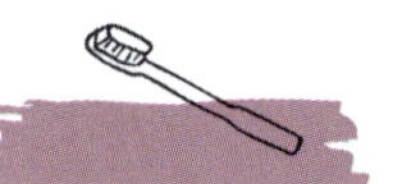

lavarsi i denti
Zähne putzen

vestirsi
sich anziehen

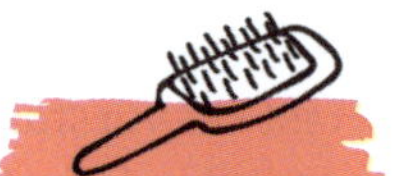

pettinarsi
sich kämmen

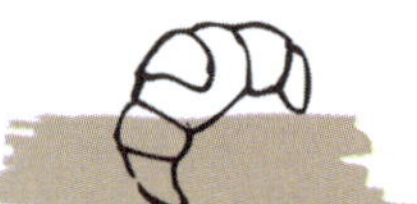

fare colazione
frühstücken

andare in ufficio
ins Büro gehen

fare la spesa
einkaufen

tornare a casa
heimkommen

preparare la cena
Abendessen zubereiten

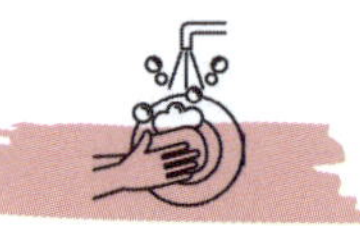

lavare i piatti
Geschirr spülen

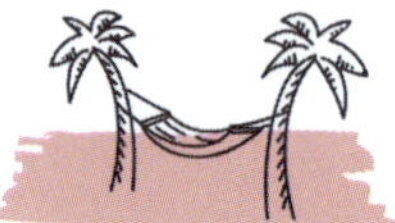

riposarsi
sich ausruhen

rilassarsi
sich entspannen

andare a letto
zu Bett gehen

addormentarsi
einschlafen

di mattina
morgens

di pomeriggio
nachmittags

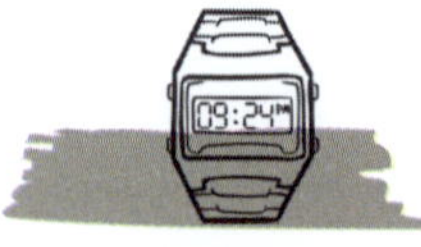

di sera
abends

di notte
nachts

Tr. 24

- Ciao, come stai?
- ◎ Più o meno... In questi giorni dormo male e la mattina mi sveglio sempre presto...
- Poi il lunedì è drammatico per tutti!
- ◎ Sì infatti...
- Hai problemi, preoccupazioni?
- ◎ Ma no, sono sempre stanco, forse lavoro troppo...
- Ma di sera che fai?
- ◎ Di solito esco e torno a casa tardi...
- Ma così non ti riposi mai!
- ◎ Sì, hai ragione. Allora stasera mi rilasso davanti a un film sul divano e vado a letto presto.
- Bravo! Ora ti offro un caffè, così ti svegli un po', tra poco abbiamo una riunione...

15

1 Erkennst du dich in dieser Situation? Wer hat das nicht schon einmal erlebt! In Italien ist es ein Klassiker, morgens mit Kolleginnen und Kollegen einen Kaffee zu trinken und ein wenig zu plaudern. Hast du verstanden, was der **ragazzo** *junge Mann* und die **ragazza** *junge Frau* gesagt haben? Teste es mit dieser Übung.

	richtig	falsch
1. Il ragazzo dorme molto la notte.	○	○
2. Il ragazzo ha problemi di lavoro.	○	○
3. Il ragazzo non resta *(bleibt)* a casa la sera.	○	○
4. Il ragazzo vuole *(will)* rilassarsi un po'.	○	○
5. La ragazza è stanca e vuole un caffè.	○	○

2 Magst du den **lunedì** *Montag*? Finde die weiteren Wochentage in der Wörterschlange und schreib sie neben die Übersetzungen. Welcher ist dein Lieblingstag?

DOVENERDÌTISABATOSIMARTEDÌVAGIOVEDÌEDOMENICAIMERCOLEDÌ

1. Dienstag ➡ m________ **2.** Mittwoch ➡ m________

3. Donnerstag ➡ g________ **4.** Freitag ➡ v________

5. Samstag ➡ s________ **6.** Sonntag ➡ d________

hören
Tr. 25
sehen

La mia giornata. Hör dir an, wie ein junger Mann seinen *Tagesablauf* schildert und nummerier dabei die Reihenfolge der Tätigkeiten: Was macht er **prima** *zuerst*? Und **dopo** *danach*? Hör dann noch einmal und schreib die entsprechenden Verben.

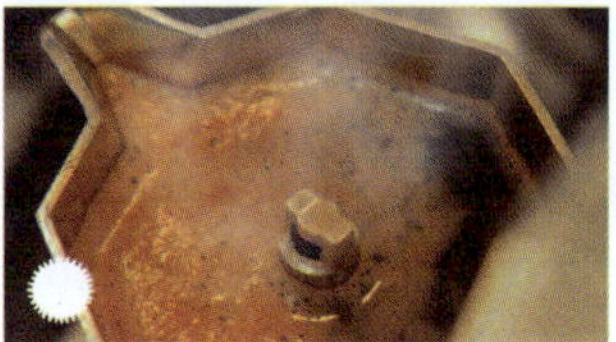

1. ______________

2. ______________

3. ______________

4. ______________

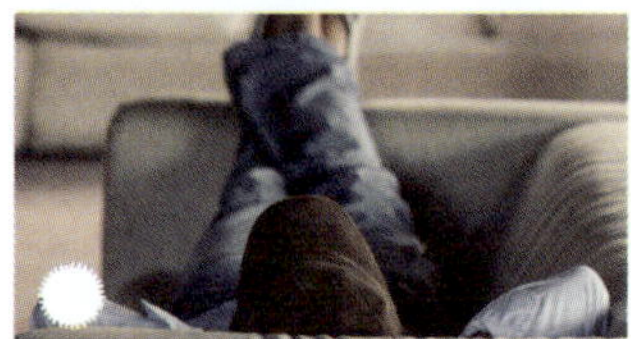

5. ______________

6. ______________

7. ______________

8. ______________

9. ______________

riechen

Im täglichen Leben geht es auch um Gerüche, wie das Aroma des Toasts oder des Kaffees am Morgen, den Geruch des Zuges oder der U-Bahn, wenn man damit zur Arbeit fährt, den Geruch des Druckers im Büro usw. Was sind die Gerüche deines täglichen Lebens? Notier die Dinge, die du den Tag über riechst.

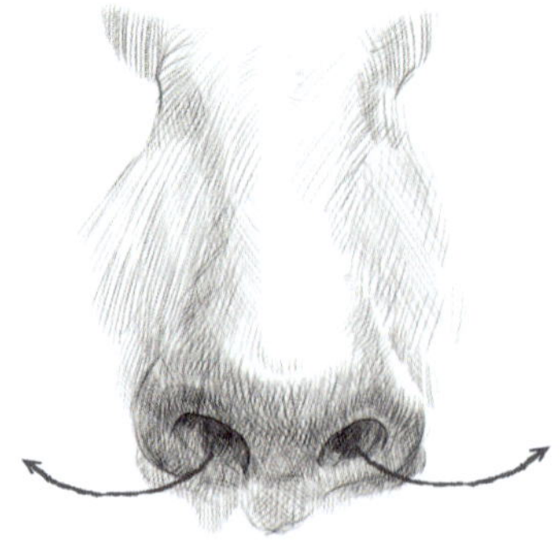

Die reflexiven Verben

Viele Verben, die alltägliche Tätigkeiten wie **lavarsi** *sich waschen* oder **riposarsi** *sich ausruhen* beschreiben, sind reflexive Verben. Sie werden von einem Reflexivpronomen (vgl. *mich, dich, sich*) begleitet. Im Italienischen stehen sie vor dem Verb. Hier lernst du die Formen:

io	**mi lavo**
tu	**ti lavi**
lui/lei/Lei	**si lava**
noi	**ci laviamo**
voi	**vi lavate**
loro	**si lavano**

Aber Achtung: Einige Verben sind im Italienischen reflexiv, im Deutschen hingegen nicht, wie z. B. **alzarsi** *aufstehen*, **svegliarsi** *aufwachen*, **addormentarsi** *einschlafen* und **chiamarsi** *heißen*. Erinnerst du dich an „Come ti chiami"?

Das Verb bere

Das Verb **bere** *trinken* – auch eine alltägliche Tätigkeit – ist unregelmäßig. Hier die Formen: **io bevo**, **tu bevi**, **lui beve**, **noi beviamo**, **voi bevete**, **loro bevono**.

5 fühlen

Fokus auf dich! Was machst du normalerweise an einem Tag? Füll diese Seite, indem du reflexive Verben benutzt. Andere Verben sind natürlich auch willkommen! Tipp: Wenn du die Möglichkeit hast, kauf dir einen italienischen Terminkalender mit den Monaten und Tagen auf Italienisch, in dem du deine Termine auf Italienisch eintragen kannst!

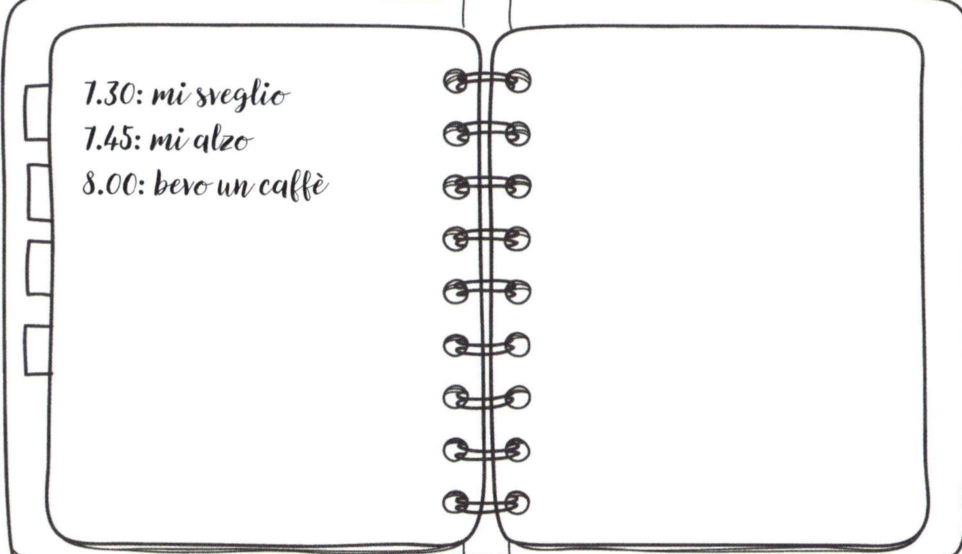

REZEPT

Frittata al forno

OMELETT AUS DEM BACKOFEN

Schmecken

In Italien ist es üblich, das Mittagessen von zu Hause mitzubringen, wenn man nicht jeden Tag ausgehen möchte. Die **frittata** ist dafür sehr praktisch, erst recht, wenn sie von einem Salat begleitet wird. Dieses Rezept ist ganz einfach im Ofen zuzubereiten. Ab jetzt werden einige Schritte des Rezepts auf Italienisch geschrieben. Keine Panik, du kennst schon viele Wörter und findest zu den neuen die Übersetzung daneben.

Zutaten:

6 uova - **3** cipolle - **3** zucchine - olio extravergine d'oliva - sale - prezzemolo

1. **Tagliare le cipolle e le zucchine a fette**.
2. Dann mit etwas **olio d'oliva** in eine Pfanne geben, **salare** und einige Minuten dünsten.
3. Wenn das Gemüse anfängt, weich zu werden, **spegnere il forno**.
4. In der Zwischenzeit **sbattere le uova e aggiungere** die Zwiebel, die Zucchini und gehackte **prezzemolo**.
5. **Mescolare tutto**, in eine mit Backpapier ausgelegte Ofenform geben und mit einem Löffelrücken glattstreichen.
6. Das Omelett im Ofen bei 170 °C etwa 25 Minuten, oder bis es an der Oberfläche goldbraun ist, **cuocere**.

le zucchine *Zucchini*
tagliare *schneiden*
salare *salzen*
spegnere *ausschalten*
sbattere *aufschlagen*
aggiungere *hinzufügen*
mescolare *mischen, verrühren*
cuocere *kochen;* hier: *backen*

Beachte:

Im Italienischen sagt man immer **cuocere**, egal ob im Ofen oder in der Pfanne, gedünstet oder gegrillt.

Die doppelte Verneinung

Die Kollegin sagt im Dialog **non ti riposi mai** *du ruhst dich nie aus.* Dieser Satz enthält eine doppelte Verneinung, eine italienische Eigentümlichkeit. In Verbindung mit einem reflexiven Verb steht **non** vor dem Reflexivpronomen und der zweite Teil, z.B. **mai**, hinter dem Verb. Bei nicht reflexiven Verben steht **non** direkt vor dem Verb: **Non cucino mai**. *Ich koche nie.*

non	(Reflexivpronomen) **+ Verb**	**mai** *nie* **niente/nulla** *nichts* **nessuno** *niemand* **più** *nicht mehr*

6 Übersetz die Sätze und denk an die doppelte Verneinung.

1. *Zum Frühstück esse ich nichts.* A colazione ______.
2. *Ich wache nie früh auf.* ______ presto.
3. *Ich gehe nicht mehr spät ins Bett.* ______ tardi.
4. *Ich kenne niemanden im Büro.* ______ conosco ______ in ufficio.

Über Gewohnheiten sprechen

Um zu sagen, wie oft man etwas macht, benutzt man Adverbien der Häufigkeit: **sempre** *immer* – **di solito** *normalerweise* – **spesso** *oft* – **raramente** *selten* – **mai** *nie*. Die Stellung der Adverbien ist im Italienischen recht flexibel. In bestimmten Fällen jedoch nicht: Z. B. steht **di solito** vor dem Verb und **sempre** danach.
Um auszudrücken, dass man etwas regelmäßig an einem Wochentag oder zu einer Tageszeit macht, hat man folgende Möglichkeiten:

- den bestimmten Artikel **il/la**: **la mattina** *morgens*, **il lunedì** *montags*,
- die Präposition **di**: **di sera** *abends*, **di sabato** *samstags*,
- im Singular das unveränderliche **ogni** *jede/-r/-s*: **ogni giorno** *jeden Tag*,
- im Plural **tutti i** / **tutte le** *jede/-r/-s*: **tutti i sabati** *jeden Samstag*.

7 Vervollständige mit den entsprechenden Ausdrücken wie im Beispiel.

1. la mattina = di mattina = ogni mattina = tutte le mattine
2. il pomeriggio = ______ = ______ = tutti i pomeriggi
3. ______ = di sera = ogni sera = ______
4. ______ = ______ = ogni domenica = ______

8

fühlen

Und du? Was machst du immer? Was machst du nie? Kopier diese Würfelvorlage zwei Mal oder lade sie von **www.pons.de/mitallen-sinnen** herunter. Schreib auf jede Seite der ersten Vorlage die Adverbien der Häufigkeit, bei der zweiten die Wochentage (**sabato** und **domenica** zusammen). Würfle mit beiden Würfeln und bilde einen Satz: Wenn „Samstag" und „immer" herauskommen, kannst du z. B. sagen: **Il sabato faccio sempre la spesa.** *Samstags kaufe ich immer ein.*

9

hören

Tr. 26

Wenn du deinen Tagesablauf schildern möchtest oder dich über die Gewohnheiten anderer Personen informieren willst, sind die folgenden Fragen und Sätze hilfreich. Hör sie und sprich sie nach.

Qual è la tua giornata tipo?	*Wie sieht dein typischer Tag aus?*
Cosa fai di solito la mattina?	*Was machst du normalerweise morgens?*
Mi sveglio, mi alzo, mi lavo.	*Ich wache auf, ich stehe auf, ich wasche mich.*
Esco di casa e vado in ufficio.	*Ich gehe aus dem Haus und gehe ins Büro.*
Di sera esco sempre con gli amici.	*Abends gehe ich immer mit Freunden aus.*
Di solito mi addormento presto.	*Normalerweise schlafe ich früh ein.*

10

sehen

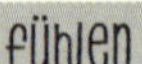

fühlen

Das tägliche Leben besteht auch aus Gegenständen. Hier sind einige Beispiele, die du mit den passenden Wörtern verbinden sollst. Welche Gegenstände verwendest du täglich? Nenn sie ab morgen auf Italienisch, wenn du sie anfasst.

___ **A** la sveglia
___ **B** la tazza
___ **C** le chiavi di casa
___ **D** lo spazzolino da denti
___ **E** il sapone
___ **F** il telefono

fühlen

Täglich begegnen uns die verschiedensten Dinge, auch kleine und unbedeutende wie Straßenbahnfahrkarten, Essensquittungen, Visitenkarten, Einkaufslisten ... Nimm ein Blatt Papier in der Größe dieser Seite und kleb es auf der gepunkteten Fläche auf. So entsteht eine Tasche der alltäglichen Schätze, um dich an wichtige und scheinbar unwichtige Momente zu erinnern. Schreib zu jedem Gegenstand ein Datum und warum du ihn vor dem Vergessen bewahren willst, natürlich auf Italienisch, nur zu!

HIER KLEBEN

Lösungen

1. richtig: 3, 4; falsch: 1, 2, 5
2. 1. martedì, 2. mercoledì, 3. giovedì, 4. venerdì, 5. sabato, 6. domenica
3. *Reihenfolge:* 6, 3, 1, 2, 8, 4, 9, 5, 7; 1. bere un caffè, 2. uscire di casa, 3. fare una doccia, 4. prendere un aperitivo, 5. rilassarsi, 6. alzarsi, 7. andare a dormire, 8. fare la spesa, 9. cucinare
6. 1. A colazione non mangio nulla/niente. 2. Non mi sveglio mai presto. 3. Non vado più a letto tardi. 4. Non conosco nessuno in ufficio.
7. 2. di pomeriggio, ogni pomeriggio; 3. la sera, tutte le sere; 4. la domenica, di domenica, tutte le domeniche
10. 1. B, 2. A, 3. E, 4. D, 5. F, 6. C

Transkriptionen

TR. 24

• Ciao, come stai?	*Hallo, wie geht es dir?*
• Più o meno... In questi giorni dormo male e la mattina mi sveglio sempre presto...	*Einigermaßen ... In diesen Tagen schlafe ich schlecht und wache morgens immer früh auf ...*
• Poi il lunedì è drammatico per tutti!	*Dann ist der Montag für alle ein Drama!*
• Sì infatti...	*Ja, in der Tat ...*
• Hai problemi, preoccupazioni?	*Hast du Probleme, Sorgen?*
• Ma no, sono sempre stanco, forse lavoro troppo...	*Aber nein, ich bin immer müde, vielleicht arbeite ich zu viel ...*
• Ma di sera che fai?	*Aber was machst du abends?*
• Di solito esco e torno a casa tardi...	*Normalerweise gehe ich aus und komme spät nach Hause ...*
• Ma così non ti riposi mai!	*Aber so ruhst du dich nie aus!*
• Sì, hai ragione. Allora stasera mi rilasso davanti a un film sul divano e vado a letto presto.	*Ja, du hast Recht. Heute Abend entspanne ich mich also bei einem Film auf dem Sofa und gehe früh ins Bett.*
• Bravo! Ora ti offro un caffè, così ti svegli un po', tra poco abbiamo una riunione...	*Gut! Ich biete dir jetzt einen Kaffee an, so wachst du ein bisschen auf, wir haben bald ein Treffen ...*

TR. 25

• Qual è la mia giornata tipo? Allora, mi alzo sempre alle 7, prima faccio una doccia, poi vado in cucina e bevo un caffè. Dopo esco di casa, vado in ufficio e lavoro tutto il giorno. Di pomeriggio esco e vado a fare la spesa al supermercato, poi di solito prendo un aperitivo con un amico. Torno a casa e cucino. Poi mi rilasso un po' davanti a un film e vado a dormire.	*Wie mein typischer Tag aussieht? Also, ich stehe immer um 7 Uhr auf, zuerst dusche ich, dann gehe in die Küche und trinke einen Kaffee. Dann gehe ich aus dem Haus, gehe ins Büro und arbeite den ganzen Tag. Spätnachmittags gehe ich zum Einkaufen in den Supermarkt, und danach trinke ich meist mit einem Freund einen Aperitif. Ich komme heim und koche. Dann entspanne ich mich ein wenig bei einem Film und gehe schlafen.*

Lektionswortschatz

di nuovo	*immer wieder*
il lunedì	*(am) Montag, montags*
svegliarsi	*aufwachen*
alzarsi	*aufstehen*
lavarsi	*sich waschen*
lavare i denti	*Zähne putzen*
vestirsi	*sich anziehen*
pettinarsi	*sich kämmen*
fare colazione	*frühstücken*
l'ufficio	*Büro*
fare la spesa	*einkaufen*
tornare a casa	*heimkommen*
a casa	*zu/nach Hause*
preparare	*vor-/zubereiten*
lavare i piatti	*Geschirr spülen*
riposarsi	*sich ausruhen*

rilassarsi	*sich entspannen*
andare a letto	*zu Bett gehen*
addormentarsi	*einschlafen*
di mattina	*morgens, vormittags*
di pomeriggio	*nachmittags*
di sera	*abends*
di notte	*nachts*
questo/-a	*diese/-r/-s*
il giorno	*Tag*
la mattina	*(am) Morgen, morgens*
presto	*früh*
drammatico	hier: *ein Drama*
infatti	*in der Tat*
la preoccupazione	*Sorge*
troppo	*zu viel*
di solito	*normalerweise*
non ... mai	*nie*
aver ragione	*Recht haben*
stasera	*heute Abend*
davanti a	hier: *bei*
il film	*Film*
su	*auf*
il divano	*Sofa*
Bravo!	*Bravo! Gut!*
offrire	*anbieten*
tra poco	*bald*
la riunione	*Treffen*
il ragazzo	*Junge, junger Mann*
la ragazza	*Mädchen, junge Frau*
la notte	*(in der) Nacht, nachts*
restare	*bleiben*
la sera	*(am) Abend, abends*
il martedì	*(am) Dienstag, dienstags*
il mercoledì	*(am) Mittwoch, mittwochs*
il giovedì	*(am) Donnerstag, donnerstags*
il venerdì	*(am) Freitag, freitags*
il sabato	*(am) Samstag, samstags*
la domenica	*(am) Sonntag, sonntags*
prima	*zuerst*
dopo	*danach*
Qual è...?	*Wie ist ...?*
la giornata	*Tag (im Verlauf)*
tipo	*typisch*
fare una doccia	*duschen*
la cucina	*Küche*
tutto il / tutta la	*ganze/-r/-s*
il supermercato	*Supermarkt*
la frittata	*Omelett*
il forno	*Backofen*
al forno	*überbacken, aus dem Ofen*
la zucchina	*Zucchini*
tagliare	*schneiden*
salare	*salzen*
spegnere	*ausschalten*
sbattere	*aufschlagen*
aggiungere	*hinzufügen*
mescolare	*mischen, verrühren*
cuocere	*kochen, backen*
non ... niente/nulla	*nichts*
non ... nessuno	*niemand*
non ... più	*nicht mehr*
spesso	*oft*
raramente	*selten*
ogni	*jede/-r/-s*
tutti i / tutte le	*jede/-r/-s*
il pomeriggio	*(am) Nachmittag, nachmittags*
di domenica	*sonntags*
di sabato	*samstags*
la sveglia	*Wecker*
il spazzolino da denti	*Zahnbürste*
la tazza	*Tasse*
il sapone	*Seife*
la chiave di casa	*Hausschlüssel*
il telefono	*Telefon*

Offerta speciale

SONDERANGEBOT

sehen

Schließ die Augen und stell dir vor, du bist **al mercato** *auf dem Markt* in Palermo. Was hörst du? Die Verkäufer, die laut schreiend ihre Waren anpreisen? Was riechst du? Den Geruch von Fisch oder von Kräutern? Welche Produkte nimmst du wahr? Nun kehr zurück in die Wirklichkeit und lern alles Wichtige zum Lebensmitteleinkauf auf Italienisch.

hören

Tr. 27

le patate
Kartoffeln

gli spinaci
Spinat

i broccoli
Brokkoli

i carciofi
Artischocken

i funghi
Pilze

le banane
Bananen

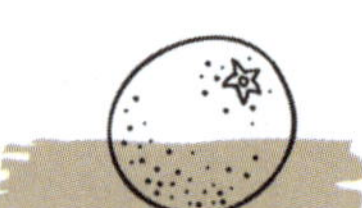

le arance
Orangen

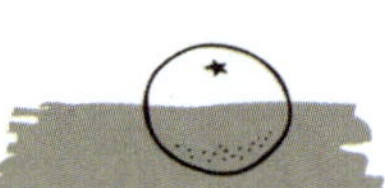

i mandarini
Mandarinen

le fragole
Erdbeeren

le mele
Äpfel

le pere
Birnen

le pesche
Pfirsiche

il latte
Milch

il salame
Salami

in panetteria
in der Bäckerei

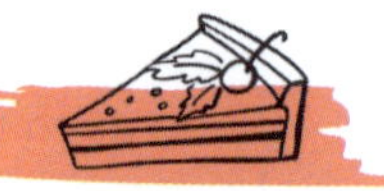

in pasticceria
in der Konditorei

in macelleria
in der Metzgerei

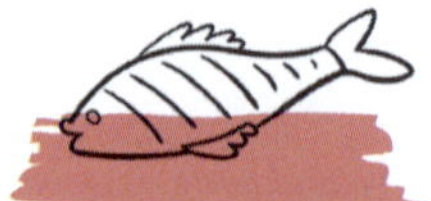

in pescheria
im Fischgeschäft

in enoteca
in der Weinhandlung

dal fruttivendolo
beim Obst- und Gemüsehändler

Tr. 28

- Buongiorno signora Lisa, cosa desidera?
- ◎ Buongiorno, vorrei un chilo e mezzo di pomodori.
- Come li vuole? Da insalata o da sugo?
- ◎ Da sugo, stasera ho amici a cena e voglio preparare la pasta alla Norma.
- Buona idea!
- ◎ Prendo anche tre melanzane e un po' di basilico.
- Ecco qui. Desidera altro?
- ◎ Sì, vorrei della frutta... Ah, ci sono le fragole! Quanto costano?
- Oggi c'è un'offerta speciale: un chilo 6 euro, due chili 10 euro.
- ◎ Allora prendo due chili.
- Altro?
- ◎ No, grazie, basta così. Quant'è?
- Sono 12 euro e 80 centesimi.

LA NORMA

Pasta alla Norma ist das typische Gericht der Küche Catanias. Der Name ist eine Hommage an die berühmteste Oper des Komponisten Vincenzo Bellini, *Norma*. Dieses Gericht ist so bedeutend, dass ihm der Nationale Tag der Pasta alla Norma am 23. September gewidmet ist. Save the date!

1 hören Tr. 29

Beim **fruttivendolo** bist du als Nächstes dran. Du hast die Einkaufsliste rechts geschrieben und möchtest diese Lebensmittel einkaufen. Hör die Fragen und antworte nach dem Muster des Dialogs oben. Frag am Ende auch nach dem Preis. Wenn du dich bereit fühlst, kannst du das auch wirklich ausprobieren, indem du ein Geschäft für italienische Produkte in deiner Stadt suchst, in dem bestimmt Italienisch gesprochen wird!

Lista della spesa

due chili di peperoni rossi (rot)

tre cipolle

dell'insalata

un litro di olio d'oliva

GRAMMI, CHILI, LITRI

Nach Gewichtsangaben folgt immer die Präposition **di**, ebenso nach Mengenangaben wie **una bottiglia** *eine Flasche*, **un pacco** *eine Packung* und nach **un po'** *etwas*.

2 Che cosa compri in queste quantità? *Was kaufst du in diesen Mengen?*

* patate * salame * latte * mele * arance
* vino * formaggio * birra * prosciutto

1. Un chilo di ____________________

2. Un etto (100 g) di ____________________
3. Un litro di ____________________

3 Lisa kauft weiter auf dem Markt ein. Hör genau hin und kreuz die Waren an, die du gehört hast. Schreib das italienische Wort im Singular oder Plural auf.

hören

Tr. 30

sehen

1. ____________ 2. ____________ 3. ____________ 4. ____________

5. ____________ 6. ____________ 7. ____________ 8. ____________

4 Stell dir vor, dass du diese **odori** *Gerüche* riechst. Wo bist du? Such die Bezeichnungen der Geschäfte im Wortgitter.

riechen

1. odore di pesce ____________________
2. odore di pane ____________________
3. odore di prosciutto ____________________
4. odore di dolci ____________________
5. odore di gelato ____________________
6. odore di caffè ____________________
7. odore di vino ____________________

P	A	N	E	T	T	E	R	I	A	M
E	M	F	E	M	A	N	L	U	S	A
S	A	D	O	H	P	O	L	T	R	C
C	F	S	P	R	A	T	E	S	A	E
H	E	B	A	R	H	E	B	C	V	L
E	A	N	U	T	E	C	E	P	R	L
R	S	C	I	H	P	A	T	N	E	E
I	G	E	L	A	T	E	R	I	A	R
A	Z	E	Q	A	P	O	M	B	R	I
P	A	S	T	I	C	C	E	R	I	A

Der Teilungsartikel

Als Lisa im Dialog Obst kaufen möchte, sagt sie: **vorrei della frutta**. **Della** ist ein Teilungsartikel, den man verwendet, um eine unbestimmte Menge anzugeben. Die Präposition **di** wird dabei mit dem bestimmten Artikel verschmolzen.

	il	lo	l'	la	i	gli	le
di	**del**	**dello**	**dell'**	**della**	**dei**	**degli**	**delle**

Im Deutschen steht in der Regel kein Artikel. In verneinten Sätze wird der Teilungsartikel nicht benutzt: **Non c'è frutta.** *Es gibt kein Obst.*

5 Was möchtest du kaufen? Ergänz die passenden Teilungsartikel. Hör dann zu und kontrollier, was du geschrieben hast. **Vorrei...** *Ich hätte gern ...*

hören
Tr. 31

1. ________ acqua
2. ________ banane
3. ________ pane
4. ________ birra
5. ________ zenzero *Ingwer*
6. ________ spinaci
7. ________ pomodori
8. ________ mozzarelle

Dal fruttivendolo, al mercato, in panetteria

Bei Händlern und Geschäften benutzt man die folgenden Präpositionen: **da** + den bestimmten Artikel für Personen; **a** + den bestimmten Artikel für Geschäfte; **in** ohne Artikel bei Orten, die auf **-ia** und **-teca** enden.

	il	lo	l'	la	i	gli	le
da	**dal**	**dallo**	**dall'**	**dalla**	**dai**	**dagli**	**dalle**
a	**al**	**allo**	**all'**	**alla**	**ai**	**agli**	**alle**

6 Wo kaufst du ein? Setz die passenden Präpositionen ein.

1. ____ pasticceria
2. ____ enoteca
3. ____ macellaio
4. ____ pescheria
5. ____ supermercato
6. ____ panettiera 

REZEPT

Involtini di pesce spada al pistacchio

SCHWERTFISCHRÖLLCHEN MIT PISTAZIEN

Schmecken

Wie wäre es mit einem ganz sizilianischen Abendessen? Nach der **pasta alla Norma** folgt ein Hauptgericht mit Fisch, wie diese Schwertfischröllchen mit Pistazienfüllung. Berühmt sind die Pistazien aus der Stadt Bronte – vielleicht bekommst du welche!

Zutaten:

8 fettine sottili di pesce spada – **3 cucchiai di** pangrattato – **2 cucchiai di** parmigiano – **2 cucchiai di** pistacchi tritati – **1 cucchiaio di** uvetta – olio extravergine d'oliva – sale – pepe

1. Für die Füllung: **rosolare in una padella** zwei in Stücke geschnittene **fettine di pesce spada**, **un cucchiaio di pistacchi tritati**, **un cucchiaio di pangrattato**, **il parmigiano**, **l'uvetta**, **il sale e il pepe**.
2. **Tagliare a metà** die restlichen Scheiben, sodass zwölf Stücke entstehen.
3. **Mettere un po'** von der Füllung in die Mitte der Fischscheiben, aufrollen und mit einem Zahnstocher verschließen.
4. **Oliare gli involtini**, dann in **pangrattato** und in **pistacchio** wälzen und 20 Minuten bei 180 °C im Ofen backen.

sottile *dünn*
il pesce spada *Schwertfisch*
il pangrattato *Semmelbrösel*
i pistacchi tritati *gehackte Pistazien*
l'uvetta *Rosinen*
rosolare *anbraten*
la padella *Pfanne*
tagliare a metà *halbieren*
mettere hier: *geben*
oliare *einölen*

7

fühlen

sehen

Hast du Lust, dieses Rezept heute zuzubereiten? Nenn beim Kochen laut auf Italienisch die Zutaten, die du verwendest, und die Handgriffe, die du dabei machst. In den 20 Minuten, die du hast, während die Fischröllchen im Ofen backen, kannst du diese Übung machen. Hier lernst du, wie man verschiedene Zubereitungsarten auf Italienisch nennt. Ordne sie den Fotos zu.

___ **A** fritto

___ **B** al cartoccio

___ **C** al forno

___ **D** in crosta di sale

___ **E** alla griglia

___ **F** in umido

Die direkten Objektpronomen

Beim Dialog auf dem Markt fragt der Gemüsehändler: **Come li vuole?** *Wofür möchten Sie sie?* Mit **li** bezieht man sich auf die zuvor erwähnten Tomaten. Es handelt es sich um ein direktes Objektpronomen, das im Deutschen dem Akkusativ entspricht. Es beantwortet die Frage *wen?* oder *was?*

io	**mi**	*mich*	**noi**	**ci**	*uns*
tu	**ti**	*dich*	**voi**	**vi**	*euch*
lui	**lo**	*ihn, es*	**loro**	**li**	*sie* (m.)
lei	**la**	*sie*	**loro**	**le**	*sie* (w.)
Lei	**La**	*Sie*			

8

Ergänz die Antworten mit den entsprechenden direkten Objektpronomen.

1. Prepari gli involtini? – Sì, ________ preparo per cena.

2. Dove compri la frutta? – ________ compro al mercato.

3. Ti porto al supermercato? – No, ________ porti al mercato per favore?

4. Ordini anche le pizze? – No, non ________ ordino.

fühlen

Brauchst du etwas, bei dem du noch nicht gelernt hast, wie es auf Italienisch heißt? Dann schlag das Wort im Wörterbuch nach – du wirst es dir sicher gut merken können, da es für dich persönlich wichtig ist.

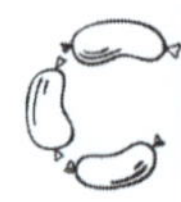

10

hören

Tr. 32

Um einzukaufen, brauchst du verschiedene Ausdrücke, die du entweder verstehen musst oder selbst sagst. Ordne die Fragen und Antworten ihren Übersetzungen zu und markier dabei, wer spricht: jemand aus dem Verkauf (V) oder du selbst beim Einkaufen (E). Hör dir danach zur Kontrolle die Sätze an.

1. Cosa desidera?	**A** *Ich nehme auch ...*
2. Vorrei un chilo e mezzo di...	**B** *Wie viel kosten sie?*
3. Prendo anche...	**C** *Ich hätte gerne eineinhalb Kilo ...*
4. Ecco qui.	**D** *Nein, danke, das ist alles.*
5. Altro?	**E** *Hier bitte.*
6. Quanto costano?	**F** *Was wünschen Sie?*
7. No, grazie, basta così.	**G** *Wie viel macht das?*
8. Quant'è?	**H** *Noch etwas?*

11

fühlen

Um deine Kreativität in der Küche anzuregen, kannst du dein eigenes Rezeptbuch erstellen! Kopier diese Vorlage zehn Mal oder lad sie herunter und druck sie aus (**www.pons.de/mitallensinnen**). Schneide die Seiten auf die gleiche Größe zurecht und schreib in jede Zeile auf Italienisch eine Zutat (Obst, Gemüse, Fleisch, Fisch, Gewürze, Trockenfrüchte ...) . Es müssen Dinge sein, die du gerne isst! Aus Karton kannst du einen Umschlag machen, auf den du den Titel schreibst. Dann wird das Heft spiralgebunden und die Seiten werden entlang der gestrichelten Linien aufgeschnitten. Dein Buch ist jetzt fertig! Öffne es einfach nach dem Zufallsprinzip und finde die Zutaten für dein nächstes ... unmögliches Rezept!

Du brauchst:

- **carta** *Papier*
- **cartoncino** *Pappe*
- **fotocopiatrice** *Kopierer*
- **forbici** *Schere*
- **spirale per rilegare** *Ringspirale zum Binden*

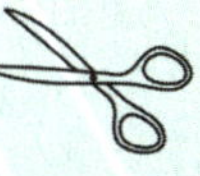

Lösungen

2. 1. patate, mele, arance; 2. salame, formaggio, prosciutto; 3. vino, latte, birra
3. 1. banane, 3. mandarini, 6. zucchine, 7. pesce
4. 1. pescheria, 2. panetteria, 3. macelleria, 4. pasticceria, 5. gelateria, 6. bar, 7. enoteca
5. 1. dell', 2. delle, 3. del, 4. della, 5. dello, 6. degli, 7. dei, 8. delle
6. 1. in, 2. in, 3. dal, 4. in, 5. al, 6. dalla
7. 1. C, 2. B, 3. D, 4. A, 5. F, 6. E
8. 1. li, 2. la, 3. mi, 4. le
10. 1. F (V), 2. C (E), 3. A (E), 4. E (V), 5. H (V), 6. B (E), 7. D (E), 8. G (E)

Transkriptionen

TR. 28

• Buongiorno signora Lisa, cosa desidera?	*Guten Morgen Lisa, was wünschen Sie?*
• Buongiorno, vorrei un chilo e mezzo di pomodori.	*Guten Morgen, ich hätte gerne eineinhalb Kilo Tomaten.*
• Come li vuole? Da insalata o da sugo?	*Wofür möchten Sie sie? Für einen Salat oder für eine Soße?*
• Da sugo, stasera ho amici a cena e voglio preparare la pasta alla Norma.	*Für eine Soße, heute Abend habe ich Freunde zum Essen und möchte Pasta alla Norma machen.*
• Buona idea!	*Gute Idee!*
• Prendo anche tre melanzane e un po' di basilico.	*Ich nehme auch drei Auberginen und (etwas) Basilikum.*
• Ecco qui. Desidera altro?	*Hier bitte. Wünschen Sie noch etwas?*
• Sì, vorrei della frutta... Ah, ci sono le fragole! Quanto costano?	*Ja, ich hätte gerne Obst ... Ah, es gibt Erdbeeren! Wie viel kosten sie?*
• Oggi c'è un'offerta speciale: un chilo 6 euro, due chili 10 euro.	*Heute gibt es ein Sonderangebot: ein Kilo 6 Euro, zwei Kilo 10 Euro.*
• Allora prendo due chili.	*Dann nehme ich zwei Kilo.*
• Altro?	*Noch etwas?*
• No, grazie, basta così. Quant'è?	*Nein, danke, das ist alles. Wie viel macht das?*
• Sono 12 euro e 80 centesimi..	*Das macht 12 Euro und 80 Cent.*

TR. 29

• Buongiorno, cosa desidera?	*Guten Morgen, was wünschen Sie?*
• Li vuole rossi o gialli?	*Möchten Sie sie rot oder gelb?*
• Ecco qui. Desidera altro?	*Hier sind sie. Wünschen Sie noch etwas?*
• Altro?	*Noch etwas?*
• Sono 15 euro.	*Das macht 15 Euro.*

TR. 30

• Buongiorno, vorrei del pesce, quanto costa il pescespada?	*Guten Morgen, ich hätte gerne (etwas) Fisch, wie viel kostet der Schwertfisch?*
• 20 euro al chilo.	*20 Euro das Kilo.*
• Ok, allora prendo 6 fette, grazie.	*Okay, dann nehme ich sechs Scheiben, danke.*
• Desidera altro?	*Wünschen Sie noch etwas?*
• Sì, vorrei della frutta. Un chilo di mandarini e 4 banane.	*Ja, ich möchte Obst. Ein Kilo Mandarinen und vier Bananen.*
• Basta così?	*Ist das alles?*
• Sì, grazie. Anzi, no, prendo anche tre zucchine.	*Ja, danke. Vielmehr nein, ich nehme auch noch drei Zucchini.*

Lektionswortschatz

l'offerta	*Angebot*
speciale	*spezial, Sonder-*
il mercato	*Markt*
la patata	*Kartoffel*
gli spinaci (Pl.)	*Spinat*
i broccoli (Pl.)	*Brokkoli*
il carciofo	*Artischocke*
il fungo	*Pilz*
la banana	*Banane*
il mandarino	*Mandarine*

la fragola	*Erdbeere*
la mela	*Apfel*
la pera	*Birne*
la pesca	*Pfirsich*
il latte	*Milch*
il salame	*Salami*
la panetteria	*Bäckerei*
la pasticceria	*Konditorei*
la macelleria	*Metzgerei*
la pescheria	*Fischgeschäft*
l'enoteca	*Weinhandlung*
il fruttivendolo	*Obst- und Gemüsehändler*
il chilo	*Kilo*
mezzo	*halb*
da	hier: *für*
il sugo	*Soße*
ecco	*hier (ist er/sie/es / sind sie)*
ecco qui	hier: *hier bitte*
Altro?	*Noch etwas?*
costare	*kosten*
l'euro	*Euro*
basta così	*das ist alles*
Quant'è?	*Wie viel macht das?*
il centesimo	*Cent*
la lista della spesa	*Einkaufsliste*
il grammo	*Gramm*
il litro	*Liter*
il pacco	*Packung*
rosso/-a	*rot*
giallo/-a	*gelb*
comprare	*kaufen*
la quantità	*Menge*
l'etto	*100 Gramm*
il pesce spada	*Schwertfisch*
anzi	*vielmehr*
l'odore (m.)	*Geruch*
la gelateria	*Eisdiele*
lo zenzero	*Ingwer*
il/la panettiere/-a	*Bäcker/-in*
l'involtino	*Röllchen, Roulade*
il pistacchio	*Pistazie*
sottile	*dünn*
il pangrattato	*Semmelbrösel*
tritato/-a	*gehackt*
l'uvetta	*Rosinen*
la padella	*Pfanne*
rosolare	*anbraten*
tagliare a metà	*halbieren*
mettere	hier: *geben*
oliare	*(ein)ölen*
fritto/-a	*frittiert*
al cartoccio	*in Folie (gebacken)*
in crosta di sale	*in Salzkruste*
in umido	*geschmort, gedünstet*
alla griglia	*vom Grill, gegrillt*
il cartoncino	*Pappe*
la fotocopiatrice	*Kopierer*
la spirale per rilegere	*Ringspirale zum Binden*

Appuntamento al buio

BLIND DATE

sehen

Du hast eine anonyme Nachricht erhalten: Jemand lädt dich zu einer Verabredung ein, du sollst zu einer bestimmten Zeit an einem bestimmten Ort erscheinen und hast nur eine Wegbeschreibung zu dem Ort. Was machst du: Gehst du hin oder zerreißt du die Nachricht? Wenn du das Risiko magst, dann lies die folgenden Begriffe; sie werden dir helfen, das Geheimnis zu entschlüsseln!

hören
Tr. 33

l'appuntamento
Verabredung

l'ora
Uhrzeit

il luogo
Ort

il palazzo
Gebäude

attraversare
überqueren

girare a destra
nach rechts abbiegen

girare a sinistra
nach links abbiegen

andare dritto
geradeaus gehen

al semaforo
an der Ampel

all'incrocio
an der Kreuzung

all'angolo
an der Ecke

alla fermata
an der Haltestelle

la chiesa
Kirche

la stazione
Bahnhof

la scuola
Schule

la posta
Post

in aereo
mit dem Flugzeug

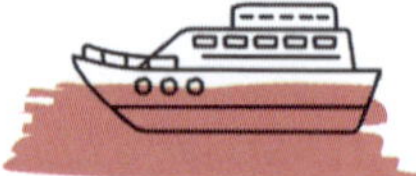

in nave
mit dem Schiff

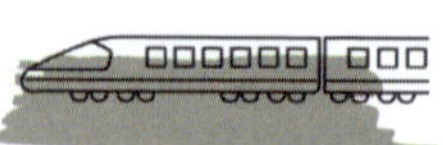

in treno
mit dem Zug

a piedi
zu Fuß

Tr. 34 Ti va di fare un gioco? Sei libera domani o hai già un impegno?
Segui queste indicazioni. Puoi venire a piedi.
Devi uscire di casa e girare a destra.
All'incrocio devi prendere la prima strada a sinistra,
poi devi andare dritto e al semaforo girare a destra.
Davanti al primo palazzo ti fermi: è il luogo dell'appuntamento.
Allora vieni? Ti aspetto alle 18. puntuale!

1 fühlen

Trovi la strada? *Findest du den Weg?* Lies den Text des Zettels noch einmal und markier den Weg mit einem Stift auf dem Plan. Wo ist der Treffpunkt?

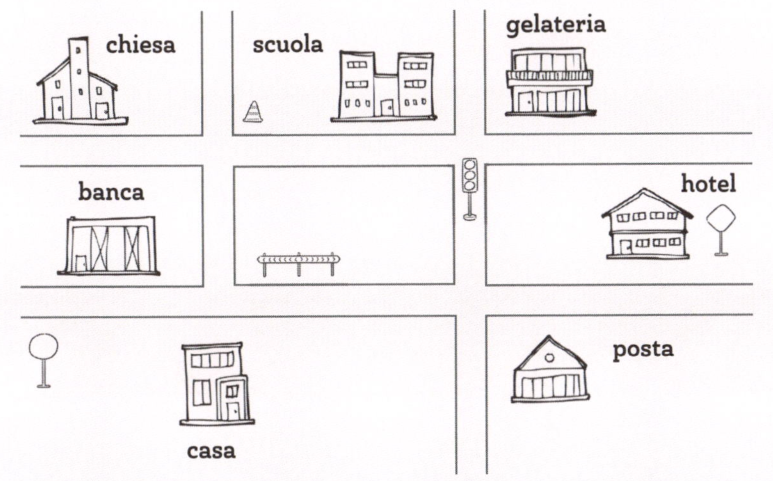

2 hören Tr. 35

Scusa, dov'è la scuola? Dov'è la posta? *Entschuldigung, wo ist die Schule / die Post?* Beschreib den Weg von deinem Haus aus und überprüf deine Beschreibung dann mit dem Audiotext.

BEACHTE!

il primo semaforo / la prima strada *die erste Ampel/Straße*
il secondo... / la seconda... *der/die zweite*
il terzo... / la terza... *der/die dritte*

3

Schmecken

Fühlen

Zumindest der Treffpunkt wird verraten: eine Eisdiele! Aber die geheimnisvolle Person ist noch nicht da, du bist zu früh gekommen. In der Zwischenzeit kannst du ein Eis essen! Welche Eissorten nimmst du? Schreib die Namen auf, mal deine Eistüte aus und stell dir vor, dass du sie genießt. Wenn deine Vorstellungskraft nicht ausreicht, dann blättere auf die nächste Seite und befolg das Rezept, um leckeres Eis selbst zu machen!

4

Sehen

Jetzt ist das Eis **dentro** *in* deinem Bauch und du stehst wieder **davanti alla gelateria** *vor der Eisdiele*. Die geheimnisvolle Person steht **accanto a te** *neben dir*: Wer ist sie? Stell dir vor, wen du willst! **Dentro, davanti a, accanto a** sind alles Ortsangaben. Lies unten weitere Angaben und schau dir dann die Bilder mit den Sätzen an: Sind sie richtig oder falsch? Korrigier die falschen!

- **a destra di / a sinistra di** — *rechts von / links von*
- **dietro** — *hinter*
- **sopra / sotto** — *über/unter*
- **vicino a** — *in der Nähe von*
- **di fronte a** — *gegenüber*
- **tra** — *zwischen*

1. È dietro la macchina.

2. È a sinistra del semaforo.

3. Sono davanti alla chiesa.

4. È sopra la doccia.

5. È a destra della fermata.

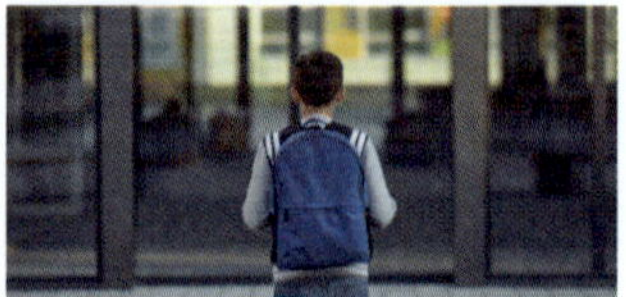

6. È di fronte alla scuola.

Die Modalverben

Die geheimnisvolle Person hat auf dem Zettel zwei Modalverben benutzt: **puoi venire a piedi** *du kannst zu Fuß kommen* und **devi girare a destra** *du musst nach rechts abbiegen*. Mit den Modalverben wird eine Handlung modifiziert, das kann z. B. ein Wunsch, eine Notwendigkeit, eine Pflicht oder eine Möglichkeit sein: **volere** bedeutet *wollen*, **dovere** *müssen/sollen* und **potere** *können/dürfen*. Auf die Modalverben folgt in der Regel ein anderes Verb im Infinitiv. Sie sind unregelmäßig, außer in der zweiten Person Plural.

io	**voglio**	**devo**	**posso**
tu	**vuoi**	**devi**	**puoi**
lui/lei/Lei	**vuole**	**deve**	**può**
noi	**vogliamo**	**dobbiamo**	**possiamo**
voi	**volete**	**dovete**	**potete**
loro	**vogliono**	**devono**	**possono**

Das Verb venire

Das Verb *kommen* wird bei einer Verabredung oder Einladung oft benutzt. Es ist unregelmäßig. Hier die Formen: **io vengo**, **tu vieni**, **lui viene**, **noi veniamo**, **voi venite**, **loro vengono**.

5 Welche Antwort passt? Ordne sie zu und setz dabei die Modalverben ein.

1. Anna, ________ venire con me al cinema?
2. Scusi, dov'è la stazione centrale?
3. ________ fare la spesa per favore?
4. Andiamo al ristorante stasera?

___ **A** ________ attraversare l'incrocio e all'angolo girare a sinistra.
___ **B** No, stasera ________ lavorare.
___ **C** Sì certo, che film c'è?
___ **D** Sì, ________ andare al supermercato nel pomeriggio.

6 riechen

Benutzt du bei Verabredungen gern Parfüm? Hier ist ein Rezept, um zu Hause ein hautfreundliches Parfüm herzustellen. Welche Essenz würdest du für ein **Eau d'Italie** benutzen? Schreib sie auf!

60 ml Süßmandelöl und sechs Tropfen naturreines Duftöl deiner Wahl in eine dunkle Glasflasche geben. Verschließen und eine Woche lang an einem kühlen, dunklen Ort stehen lassen, dabei einmal täglich gut schütteln. Nach einer Woche 30 ml destilliertes Wasser hinzufügen und nochmals gut umrühren.

REZEPT

Gelato al cioccolato

SCHOKOLADENEIS

Schmecken

Wenn man an Italien, den Sommer und das Meer denkt, fällt einem fast zwangsläufig als Nächstes das ein: Eis! Seine Erfindung wird von den Sizilianern beansprucht. Bereits zur Zeit der arabischen Besatzung wurde eine ähnliche Mischung zubereitet: Der Schnee des Ätna wurde mit Rohrzucker und Fruchtsaft vermischt, was ein Dessert ergab, das als Vorläufer des modernen Eises bezeichnet werden kann.

Zutaten:
2 tuorli - **70 g di** zucchero bianco - **250 ml di** latte - **100 ml di** panna - **80 g di** cioccolato fondente

1. **Separare il tuorlo** vom Eiweiß und eine Minute lang mit dem **zucchero** aufschlagen.
2. **Aggiungere il latte**, **la panna** und die zuvor geschmolzene **cioccolato fondente**.
3. Mit dem Schneebesen langsam verrühren.
4. Die Masse auf den Herd stellen und bei schwacher Hitze etwa fünfzehn Minuten erhitzen, aber nicht kochen lassen. Dabei häufig **girare**, damit sie nicht anklebt.
5. Die Creme in ein Gefäß geben und abkühlen lassen, dabei gelegentlich rühren, damit sich keine Haut auf der Oberfläche bildet.
6. In den Gefrierschrank stellen und etwa drei Stunden lang einfrieren.
7. Dann die Creme aus dem Kühlschrank nehmen und **frullare**. Sobald sie weich ist, wieder in den Gefrierschrank stellen und weitere vier Stunden gefrieren lassen.

separare *trennen*
il tuorlo *Eigelb*
lo zucchero *Zucker*
la panna *Sahne*
il cioccolato fondente *Bitterschokolade*
girare *umrühren*
frullare *pürieren*

Die Uhrzeit

Wenn du einen Termin hast, solltest du immer die Uhr im Auge behalten, wenn du nicht zu spät kommen willst. Die Uhrzeit auf Italienisch wird mit der 3. Person Plural von **essere** *sein* und dem bestimmten Artikel **le** gebildet: **Sono le tre.** *Es ist drei Uhr.* Bei „ein Uhr" steht der Singular: **È l'una.** *Es ist ein Uhr.* Ausnahmen ohne Artikel: **È mezzogiorno/mezzanotte.** *Es ist Mittag/Mitternacht.*

Die Minuten werden mit der Konjunktion **e** an die Stunde angehängt: **Sono le tre e cinque/dieci/un quarto/venti/venticinque/mezza/trentacinque**.

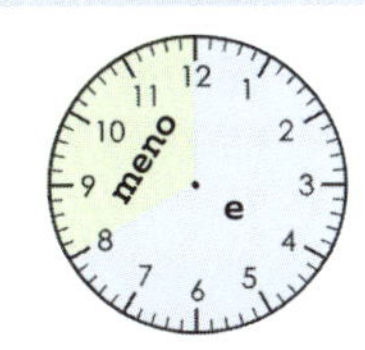

Im Italienischen sagt man **Sono le tre e mezza**, also: *Es ist drei und einhalb* für *Es ist halb vier.*

Ab der 40. Minute werden sie von der folgenden Stunde mit **meno** abgezogen: **Sono le tre meno venti/un quarto/dieci/cinque**.

Bei offiziellen Zeitangaben, z. B. im Fernsehen oder am Bahnhof, werden wie im Deutschen die Stunden und Minuten durchgezählt: **Sone le tredici e quarantadue** (13:42 Uhr).

7 **Che ora è? Che ore sono?** Nimm einen Bleistift, hör die Uhrzeit und zeichne sie auf das entsprechende Zifferblatt ein. Das letzte ist für dich: Wie spät ist es jetzt?

hören

Tr. 36

fühlen

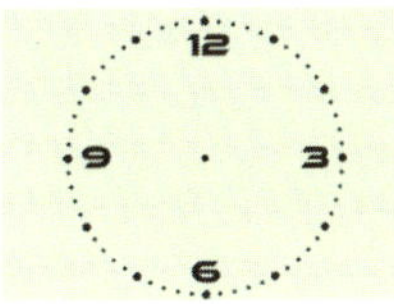

1.

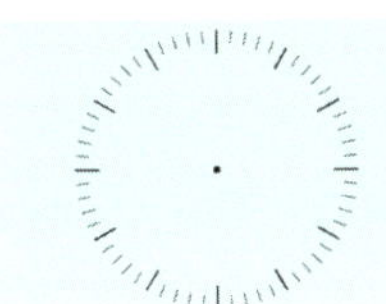

2.

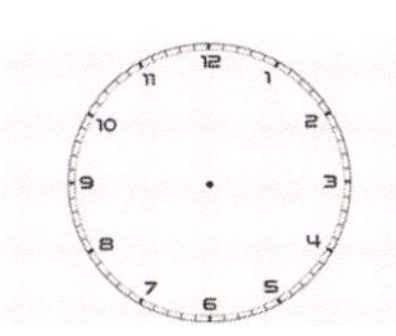

3.

4.

5.

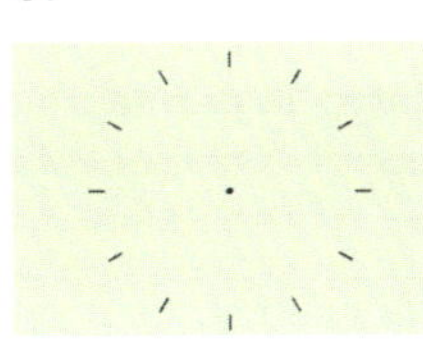

6.

8 **A che ora?** *Um wie viel Uhr?* Die Präposition **a** mit dem bestimmten Artikel wird zur Angabe eines Zeitpunktes benutzt. Hör den Dialog und kreuz die richtigen Uhrzeiten an.

hören

Tr. 37

1. Il film inizia *(beginnt)*...
- ○ **A** alle 22.30.
- ○ **B** alle 21.30.

2. I due amici si vedono *(sehen sich)*...
- ○ **A** alle 20.
- ○ **B** alle 21.

9

hören

Tr. 38

Wenn du etwas vorschlagen oder dich mit jemandem verabreden möchtest, sind die folgenden Fragen nützlich. Hör zu und sprich nach.

Ti va di uscire?	*Hast du Lust auszugehen?*
Volentieri! / Va bene! / D'accordo!	*Gerne! / Gut! / Einverstanden!*
Ti passo a prendere?	*Soll ich dich abholen?*
Perché non usciamo?	*Warum gehen wir nicht aus?*
A che ora / Dove ci vediamo?	*Um wie viel Uhr / Wo sehen wir uns?*
Cosa facciamo oggi?	*Was machen wir heute?*
Hai tempo / Sei libero/-a?	*Hast du Zeit?*
Vieni a trovarmi?	*Kommst du mich besuchen?*
Hai già un impegno?	*Hast du schon etwas vor?*

10

Einen Vorschlag kann man ablehnen oder annehmen. Schreib die folgenden Antworten in die passende Spalte.

* Non posso, mi dispiace *es tut mir leid.* * Perfetto! * Ho già un impegno. * Ok! * No, devo lavorare. * Buona idea!

1. ______________________

____

____

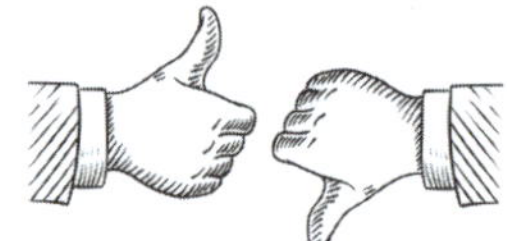

2. ______________________

____

____

11

sehen

Wie bewegst du dich am liebsten durch die Stadt? Ordne den Bildern den passenden Ausdruck zu.

___ **A** in metropolitana   ___ **B** in bicicletta   ___ **C** in moto

___ **D** in tram   ___ **E** in autobus   ___ **F** in macchina

fühlen

Jetzt bist du dran! Schreib jetzt eine anonyme Nachricht auf Italienisch für eine Person, die Italienisch kann, um sie zu einem Blind Date einzuladen! Kopier die Seite, schneide die Buchstaben aus und kleb sie auf ein Blatt Papier mit allen Informationen und der Wegbeschreibung zum Treffpunkt.

Du brauchst:

- **carta** *Papier*
- **fotocopiatrice** *Kopierer*
- **forbici** *Schere*
- **colla** *Klebstoff*

Lösungen

1.

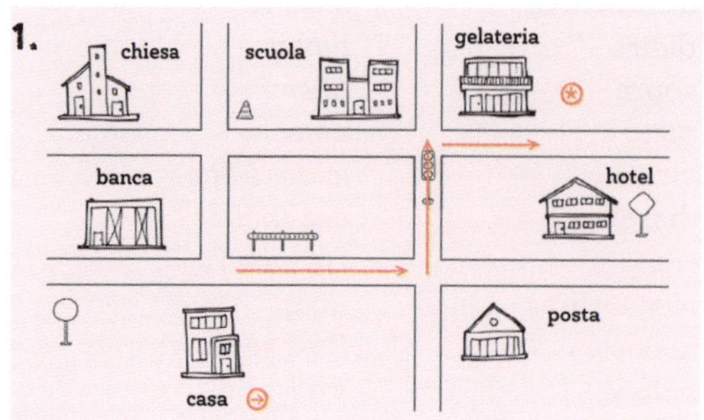

4. 1. falsch / sotto; 2. falsch / a destra; 3. richtig; 4. falsch / dentro, sotto; 5. falsch / a sinistra, 6. richtig

5. 1. C vuoi / puoi; 2. A Deve; 3. D Puoi, posso; 4. B devo

7. 1. 03.45, 2. 01.20, 3. 09.30, 4. 00.10, 5. 04.55

8. 1 A, 2 B

10. 1. Ok! Buona idea! Perfetto! 2. Non posso, mi dispiace. Ho già un impegno. No, devo lavorare.

11. 1. B, 2. C, 3. E, 4. F, 5. A, 6. D

Transkriptionen

TR. 34

• Ti va di fare un gioco? Sei libera domani o hai già un impegno? Segui queste indicazioni. Puoi venire a piedi. Devi uscire di casa e girare a destra. All'incrocio devi prendere la prima strada a sinistra, poi devi andare dritto e al semaforo girare a destra. Davanti al primo palazzo ti fermi: è il luogo dell'appuntamento. Allora vieni? Ti aspetto alle 18. Puntuale!	*Hast du Lust, ein Spiel zu spielen? Hast du morgen Zeit oder hast du schon etwas vor? Folge diesen Anweisungen. Du kannst zu Fuß kommen. Du musst das Haus verlassen und nach rechts abbiegen. An der Kreuzung musst du die erste Straße links nehmen, dann geradeaus gehen und an der Ampel nach rechts abbiegen. Vor dem ersten Gebäude bleibst du stehen: Das ist der Treffpunkt. Kommst du also? Ich warte auf dich um 18 Uhr. Pünktlich!*

TR. 35

• Scusa, dov'è la scuola?	*Entschuldigung, wo ist die Schule?*
• Devi andare dritto e all'incrocio girare a destra. La scuola è il primo palazzo a sinistra.	*Du musst geradeaus gehen und an der Kreuzung (nach) rechts abbiegen. Die Schule ist das erste Gebäude auf der linken Seite.*
• Scusa, dov'è la posta?	*Entschuldigung, wo ist die Post?*
• Devi girare a destra, attraversare l'incrocio e andare dritto. La posta è il primo palazzo a destra.	*Du musst (nach) rechts abbiegen, die Kreuzung überqueren und geradeaus gehen. Die Post ist das erste Gebäude auf der rechten Seite.*

TR. 36

• Sono le quattro meno un quarto.	*Es ist Viertel vor vier.*
• È l'una e venti.	*Es ist zwanzig nach eins.*
• Sono le nove e mezza.	*Es ist halb zehn.*
• È mezzanotte e dieci.	*Es ist zehn nach Mitternacht.*
• Sono le cinque meno cinque.	*Es ist fünf vor fünf.*

TR. 37

• Ciao Emma, ti va di andare al cinema domani sera?	*Hallo Emma, hast du Lust, morgen Abend ins Kino zu gehen?*
• Sì! A che ora inizia il film?	*Ja! Um wie viel Uhr beginnt der Film?*
• Alle dieci e mezza.	*Um halb 11.*
• Perché non ci vediamo alle otto e poi andiamo a mangiare qualcosa prima del film?	*Warum treffen wir uns nicht um 8 (Uhr) und gehen dann vor dem Film noch etwas essen?*
• Alle otto non posso... Alle nove?	*Um 8 (Uhr) kann ich nicht. Um 9 (Uhr)?*
• Ok, a domani!	*OK, bis morgen!*

Lektionswortschatz

l'appuntamento al buio	*Blind Date*
l'appuntamento	*Verabredung*
il buio	*Dunkelheit*
l'ora	*Uhrzeit*
il palazzo	*Gebäude*
attraversare	*überqueren*
girare	*abbiegen*
a destra	*(nach) rechts*
a sinistra	*(nach) links*
dritto	*geradeaus*
il semaforo	*Ampel*
l'incrocio	*Kreuzung*
l'angolo	*Ecke*
la fermata	*Haltestelle*
la chiesa	*Kirche*
la stazione	*Bahnhof*
la posta	*Post*
in (+ Verkehrsmittel)	*mit dem/der*
l'aereo	*Flugzeug*
la nave	*Schiff*
il treno	*Zug*
a piedi	*zu Fuß*
Ti va di...?	*Hast du Lust zu ...?*
il gioco	*Spiel*
essere libero/-a	hier: *Zeit haben*
domani	*morgen*
già	*schon*
avere un impegno	*etwas vorhaben*
seguire	*folgen*
l'indicazione (f.)	*Anweisung*
potere	*können, dürfen*
dovere	*müssen, sollen*
primo/-a	*erste/-r/-s*
la strada	*Straße, Weg*
fermarsi	*stehen bleiben*
il luogo dell'appuntamento	*Treffpunkt*
aspettare	*warten*
puntuale	*pünktlich*
trovare	*finden*
la banca	*Bank*
l'hotel (m.)	*Hotel*
Scusa!	*Entschuldigung! Entschuldige!*
secondo/-a	*zweite/-r/-s*
terzo/-a	*dritte/-r/-s*
dentro	*in, drinnen*
accanto a	*neben*
a destra di	*rechts von*
a sinistra di	*links von*
dietro	*hinter*
sopra	*über*
sotto	*unter*
vicino a	*in der Nähe von*
di fronte a	*gegenüber*
tra	*zwischen*
la macchina	*Auto*
la doccia	*Dusche*
volere	*wollen*
centrale	*zentral, Haupt-*
il ristorante	*Restaurant*
il gelato al cioccolato	*Schokoladeneis*
il tuorlo	*Eigelb*
lo zucchero	*Zucker*
la panna	*Sahne*
il cioccolato fondente	*Bitterschokolade*
separare	*trennen*
girare	hier: *(um)rühren*
frullare	*pürieren*
il mezzogiorno	*Mittag*
la mezzanotte	*Mitternacht*
un quarto	*Viertel*
mezza	*halb*
Che ora è? / Che ore sono?	*Wie spät ist es?*
A che ora?	*Um wie viel Uhr?*
iniziare	*beginnen*
vedersi	*sich sehen, sich treffen*
prima di	*vor*
volentieri	*gern*
va bene	*in Ordnung*
d'accordo	*einverstanden*
passare a prendere	*abholen*
venire a trovare	*besuchen (kommen)*
mi dispiace	*es tut mir leid*
la metropolitana	*U-Bahn*
il tram	*Straßenbahn*
l'autobus (m.)	*Bus*
la moto	*Motorrad*

Casa dolce casa

TRAUTES HEIM

sehen

Auch wenn man viel aktiv unterwegs ist und das Reisen liebt, ist es doch immer schön, nach Hause zu kommen, findest du nicht? Dein Zuhause kannst du so gestalten, wie du dich wohlfühlst. Vielleicht lässt du dich sogar vom italienischen Design inspirieren? Tauch ein in die Welt des Wohnens!

hören
Tr. 39

l'appartamento
Wohnung

il piano
Stock

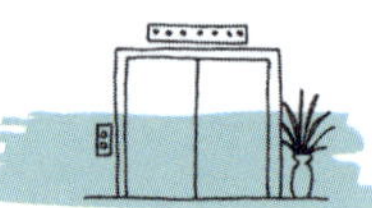

l'ascensore
Aufzug

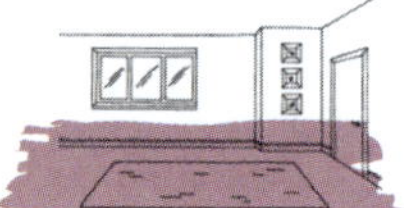

la stanza
Zimmer

il corridoio
Flur

il pavimento
Boden

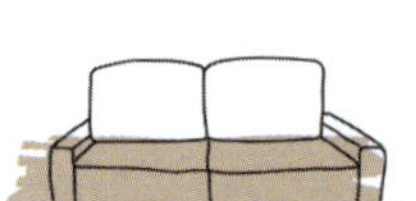

il salotto
Wohnzimmer

la camera da letto
Schlafzimmer

il bagno
Badezimmer

la porta
Tür

la finestra
Fenster

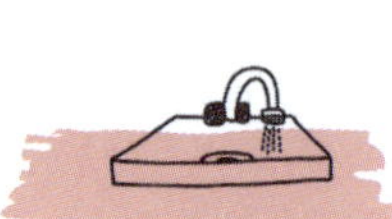

il lavandino
Waschbecken

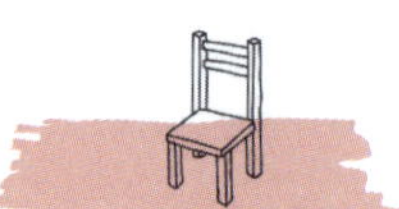

la sedia
Stuhl

la poltrona
Sessel

la scrivania
Schreibtisch

l'armadio
Schrank

il comodino
Nachttisch

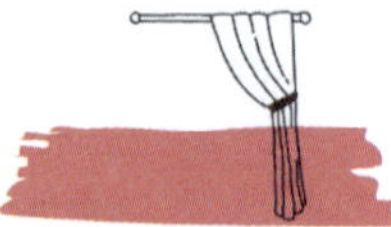

la tenda
Vorhang

la lampada
Lampe

il vaso
Vase

Tr. 40

- Ciao, benvenuti!
- ◎ Ciao Francesco, finalmente vediamo il tuo nuovo appartamento!
- Sì, entrate. Vi mostro le stanze.
- ◎ Volentieri.
- Qui a destra c'è la cucina. Scusate, nel lavandino ci sono ancora i piatti del pranzo... Accanto c'è un ampio salotto con due grandi finestre, molto luminoso.
- ◎ Che bella vista!
- Beh, siamo al dodicesimo piano! Da questa parte c'è la camera da letto con un grande armadio.
- ◎ Che bei mobili di legno!
- Grazie! E qui c'è il bagno, un po' piccolo, ma perfetto per un single come me. Ora torniamo in salotto, vi offro qualcosa da bere...
- ◎ Grazie, io voglio sedermi sulla poltrona...
- Sì, è molto comoda!

1 Wie du sicher gemerkt hast, zeigt Francesco zwei Freunden seine neue Wohnung. Lies den Dialog noch einmal und schau die zwei Bilder an. Wo wohnt Francesco?

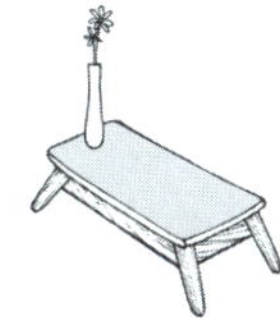

2 Um ein Haus, ein Zimmer, ein **mobile** *Möbelstück* zu beschreiben, verwendet man gern Adjektive. Kennst du die Bedeutung der Adjektive, die im Dialog vorkommen? Verbinde sie mit der Übersetzung.

1. nuovo	**A** groß
2. ampio	**B** bequem
3. grande	**C** geräumig
4. luminoso	**D** neu
5. piccolo	**E** hell
6. comodo	**F** klein

WEITERE ADJEKTIVE

silenzioso/rumoroso *ruhig/laut*
arredato/vuoto *möbliert/leer*
vecchio/moderno *alt/modern*
caro/economico *teuer/günstig*
buio *dunkel*
stretto *eng*

3 fühlen sehen

Di legno *aus Holz*. Geh durch das Zimmer und berühr deine Möbel und Gegenstände: Woraus sind sie hergestellt? Weitere Materialien heißen auf Italienisch: **plastica** *Plastik*, **vetro** *Glas*, **marmo** *Marmor*, **metallo** *Metall*, **cotone** *Baumwolle*, **lana** *Wolle*. Ergänze die Sätze mit der Präposition **di** und dem Material.

1. Il vaso è ______

2. Il pavimento è ______

3. La lampada è ______

4. Le tende sono ______

4 hören Tr. 41

Wo ist Francesco gerade? Hör die Geräusche und schreib die Zimmer oder Bereiche des Hauses auf, wo diese Aktivitäten stattfinden.

1. È in ______.

2. È in ______.

3. È in ______.

4. È in ______.

5 hören Tr. 42 sehen

Francescos Freunde kommentieren nach dem Treffen seine neue Wohnung. Hör genau hin und kreuz die Möbel oder Gegenstände an, die du hörst. Schreib dann das italienische Wort im Singular oder Plural auf.

1. ______

2. ______

3. ______

4. ______

5. ______

6. ______

7. ______

8. ______

Die Präpositionen in und su

Im Dialog hast du gelesen: **nel lavandino** *im Waschbecken* und **sulla poltrona** *auf dem Sessel*. Auch die Präpositionen **in** und **su** – wie **a** und **di** – verschmelzen mit dem bestimmten Artikel. Hier die Formen:

	il	lo	l'	la	i	gli	le
in	**nel**	**nello**	**nell'**	**nella**	**nei**	**negli**	**nelle**
su	**sul**	**sullo**	**sull'**	**sulla**	**sui**	**sugli**	**sulle**

6 Wo befinden sich die Gegenstände in Francescos Wohnung? Ergänz die Antworten mit **in** oder **su** + Artikel.

1. Dove sono i libri? Sono ______________ scrivania!
2. Dove sono i vestiti *(Kleider)*? Sono ______________ armadio!
3. Dove sono i cuscini *(Kissen)*? Sono ______________ letto!
4. Dove sono le lampade? Sono ______________ comodini!

Che bei mobili!

Was für schöne Möbel! Das Adjektiv **bello** *schön* hat besondere Formen, wenn es direkt vor einem Substantiv steht: Es endet wie der bestimmte Artikel. Wenn das Adjektiv **bello** nicht vor dem Substantiv steht, verhält es sich wie ein normales Adjektiv auf **-o**: **I mobili sono belli.** *Die Möbel sind schön.*

 **bel** **bell'** **bello**	 **bella** **bell'**	 **bei** **begli** **begli**	 **belle** **belle**

7 fühlen

Jetzt ein bisschen Bewegung! Geh durch das Zimmer, in dem du dich befindest, und mach den Möbeln, die du hier findest, Komplimente, z.B.: **Che bella scrivania!** *Was für ein schöner Schreibtisch!* **Che bel divano!** *Was für ein schönes Sofa!* Wenn du manche Wörter nicht kennst, kannst du sie im Wörterbuch nachschlagen.

POST-IT

Wie wäre es, wenn du Wörter zum Thema Zuhause auf selbstklebende Zettel notierst und sie dann an den entsprechenden Gegenständen befestigst, wie zum Beispiel an der Tür, am Fenster oder an den Möbeln? So kannst du die neuen Wörter immer wieder sehen und üben!

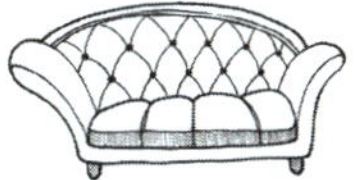

REZEPT

Impasto per la pizza

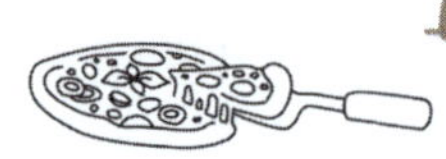

PIZZATEIG

Schmecken

Zu vielen Gelegenheiten wie zum Beispiel auf einer Einweihungsparty passt eine echt italienische Pizza, belegt nur mit Tomaten, Mozzarella und Basilikum. Oder magst du es üppiger? Der Fantasie sind beim Belag kaum Grenzen gesetzt. In jedem Fall braucht man aber einen schmackhaften Boden, für den du hier das ganz einfache Grundrezept findest. Nur ein paar Zutaten, und schon kommt die Pizza duftend aus dem Ofen!

Zutaten (für zwei Backbleche):

500 g di farina - **300 ml** d'acqua - **35 ml** di olio extravergine di oliva - **10 g** di sale - **5 g** di lievito di birra

1. **Sciogliere il lievito di birra** in lauwarmem Wasser.
2. **Mettere la farina in un recipiente, aggiungere** nach und nach das Wasser (mit der aufgelösten Hefe) und **impastare** mit den Händen.
3. Wenn die Hälfte der Flüssigkeit hineingegeben ist, **salare**, dann die restliche Flüssigkeit hinzufügen und weiterkneten.
4. **Aggiungere l'olio e mettere l'impasto** auf die Arbeitsfläche.
5. **Impastare**, bis er glatt und elastisch ist.
6. **Fare lievitare l'impasto per due ore in un luogo asciutto**.
7. **Poi stendere l'impasto e condirlo a piacere, per esempio con pomodoro, mozzarella e basilico**.
8. Bei 200 °C 30–40 Minuten im Backofen backen.

l'impasto *Teig*
il lievito di birra *Bierhefe*
sciogliere *auflösen*
il recipiente *Schüssel*
impastare *kneten*
fare lievitare *gehen lassen*
per due ore *zwei Stunden lang*
asciutto/-a *trocken*
stendere *ausrollen*
condire *belegen*
a piacere *nach Belieben*

Die indirekten Objektpronomen

Im Dialog sagt Francesco zu seinen Freunden: **Vi mostro le stanze.** *Ich zeige euch die Zimmer.* **Vi** ist ein indirektes Objektpronomen, das im Deutschen dem Dativ entspricht. Es beantwortet die Frage **a chi?** *wem?*

io	**mi**	*mir*
tu	**ti**	*dir*
lui, lei	**gli, le, Le**	*ihm, ihr, Ihnen*
noi	**ci**	*uns*
voi	**vi**	*euch*
loro	**gli**	*ihnen*

Die indirekten Objektpronomen unterscheiden sich nur in der 3. Person Singular und Plural von den Reflexiv- sowie den direkten Objektpronomen.

Ergänz die Antworten mit den entsprechenden indirekten Objektpronomen.

1. Ci mostri la cucina? – Prima ______ mostro la camera da letto.
2. Cosa regaliamo *(schenken)* a Silvio? – ______ regaliamo una lampada di design, ok?
3. Mi offri qualcosa da bere? – Sì, ______ offro una birra.
4. A Claudia piace cucinare? – No, non ______ piace per niente.

Die Ordnungszahlen

Siamo al dodicesimo piano. *Wir sind im zwölften Stock* sagt Francesco im Dialog. Die Ordnungszahlen von 1. bis 10. haben unregelmäßige Formen (siehe die Tasten des Aufzugs). Ab 11. wird die Endung **-esimo** an die Grundzahl angehängt, deren Endvokal dabei entfällt. Bei Zahlen, die auf **-tré** und **-sei** enden, bleibt er jedoch erhalten, der Akzent hingegen fällt weg: **al ventitreesimo / ventiseiesimo piano** *im dreiundzwanzigsten / sechsundzwanzigsten Stock.* Ordnungszahlen sind Adjektive und richten sich in Geschlecht und Zahl nach ihrem Bezugswort. Als Ziffer steht kein Punkt, sondern der meist hochgestellte Endvokal: al 12° piano, la 2ª stanza.

Schreib die Ordnungszahlen als Wörter.

1. 15°: ______________________
2. 33°: ______________________
3. 56°: ______________________
4. 90°: ______________________
5. 100°: ______________________

fühlen

Wenn Francescos Teller im Waschbecken stehen, bedeutet das, dass sie noch gespült werden müssen! Füll die Mindmap zum Thema Hausarbeit aus, indem du weitere Tätigkeiten im Haushalt im Wörterbuch nachschlägst. Dann schreib neben jede den Namen der Person, die sie ausführt. Schau dir am Ende deine Mind Map an: Wie könnten die Tätigkeiten besser verteilt werden?

pulire *sauber machen*

____

mettere in ordine *aufräumen*

____

i lavori domestici *Hausarbeit*

____

stirare *bügeln*

____

lavare i piatti *das Geschirr spülen*

____

apparecchiare *den Tisch decken*

11

hören

Tr. 43

Wenn du eine Wohnung oder ihre **arredamento** *Einrichtung* beschreiben willst, sind die folgenden Fragen und Antworten nützlich. Hör zu und sprich nach.

Ti piace l'appartamento?	*Gefällt dir die Wohnung?*
Sì, è molto grande e luminoso.	*Ja, sie ist sehr groß und hell.*
Quante stanze ha?	*Wie viele Zimmer hat sie?*
Ha due stanze, una cucina e un bagno.	*Sie hat zwei Zimmer, eine Küche und ein Bad.*
Com'è arredato il salotto?	*Wie ist das Wohnzimmer eingerichtet?*
È arredato con mobili di design.	*Es ist mit Designermöbeln eingerichtet.*
È silenziosa la camera da letto?	*Ist das Schlafzimmer ruhig?*
Sì, ha le finestre con i doppi vetri.	*Ja, es hat Fenster mit Doppelglas.*
Il bagno è grande?	*Ist das Badezimmer groß?*
No, purtroppo è piccolo e stretto.	*Nein, es ist leider klein und eng.*

12

riechen

Düfte tragen ganz wesentlich dazu bei, ob wir uns an einem Ort wohlfühlen. Was ist dein Lieblingsduft? Hast du ihn in deiner Wohnung? Besonders frisch und auch konzentrationssteigernd wirkt Zitronenduft. Schnuppere an deiner Duftkarte und geh das Kapitel noch einmal ganz in Ruhe durch. Merkst du einen Unterschied?

13

fühlen

Wolltest du schon immer dein Traumhaus selbst entwerfen? Hier gibt es keine Budgetgrenzen! Zeichne die Möbel selbst ganz nach deinem Geschmack. Beschreib dann dein Traumhaus: Wie viele Zimmer gibt es? Wie sind sie eingerichtet?

Du brauchst:

- **carta** *Papier*
- **stampante** *Drucker*
- **forbici** *Schere*
- **colla** *Klebstoff*

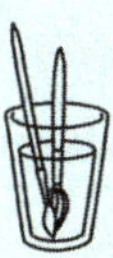

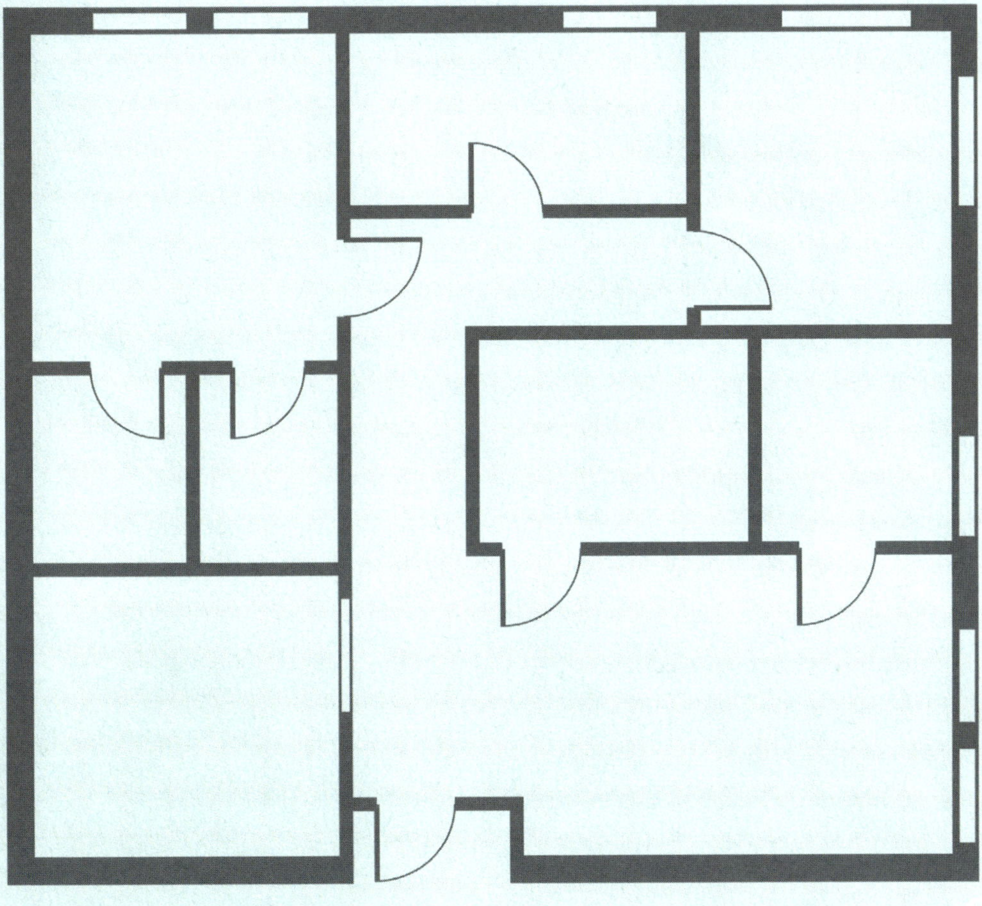

Lösungen

1. 1.
2. 1. D, 2. C, 3. A, 4. E, 5. F, 6. B
3. 1. di vetro, 2. di marmo, 3. di metallo, 4. di cotone
4. 1. ascensore, 2. cucina, 3. bagno, 4. camera da letto
5. 1. letto, 3. le porte, 5. il tavolo, 6. il divano, 8. le sedie
6. 1. sulla, 2. nell', 3. sul, 4. sui
8. 1. vi, 2. Gli, 3. ti, 4. le
9. 1. quindicesimo, 2. trentatreesimo, 3. cinquantaseiesimo, 4. novantesimo, 5. centesimo

Transkriptionen

TR. 40

• Ciao, benvenuti!	*Hallo, willkommen!*
• Ciao Francesco, finalmente vediamo il tuo nuovo appartamento!	*Hallo Francesco, endlich sehen wir deine neue Wohnung!*
• Sì, entrate. Vi mostro le stanze.	*Ja, kommt herein. Ich zeige euch die Zimmer.*
• Volentieri.	*Gerne.*
• Qui a destra c'è la cucina. Scusate, nel lavandino ci sono ancora i piatti del pranzo... Accanto c'è un ampio salotto con due grandi finestre, molto luminoso.	*Hier rechts ist die Küche. Entschuldigt, im Waschbecken stehen noch die Teller vom Mittagessen ... Nebenan ist ein geräumiges Wohnzimmer mit zwei großen Fenstern, sehr hell.*
• Che bella vista!	*Was für eine schöne Aussicht!*
• Beh, siamo al dodicesimo piano! Da questa parte c'è la camera da letto con un grande armadio.	*Nun, wir sind im zwölften Stock! Auf dieser Seite befindet sich das Schlafzimmer mit einem großen Kleiderschrank.*
• Che bei mobili di legno!	*Was für schöne Holzmöbel!*
• Grazie! E qui c'è il bagno, un po' piccolo, ma perfetto per un single come me. Ora torniamo in salotto, vi offro qualcosa da bere...	*Danke! Und hier ist das Badezimmer, ein bisschen klein, aber perfekt für einen Single wie mich. Gehen wir jetzt zurück ins Wohnzimmer, ich biete euch etwas zu trinken an ...*
• Grazie, io voglio sedermi sulla poltrona...	*Danke, ich möchte mich in den Sessel setzen ...*
• Sì, è molto comoda!	*Ja, er ist sehr bequem!*

TR. 42

• Allora, ti piace l'appartamento di Francesco?	*Und, gefällt dir Francescos Wohnung?*
• Sì, molto! Anche i mobili sono belli! Il divano è davvero comodo, il letto è grande, le porte sono tutte nuove...	*Ja, sehr! Auch die Möbel sind schön! Das Sofa ist wirklich bequem, das Bett ist groß, die Türen sind alle neu ...*
• E la cucina è arredata bene, con il tavolo e le sedie di legno...	*Und die Küche ist hübsch eingerichtet, mit Holztisch und Holzstühlen ...*
• Sì... le compriamo anche noi?	*Ja ... kaufen wir sie auch?*

Lektionswortschatz

casa dolce casa	hier: *trautes Heim*
l'appartamento	*Wohnung*
il piano	*Stock(werk)*
l'ascensore (m.)	*Aufzug*
la stanza	*Zimmer*
il corridoio	*Flur*
il pavimento	*Boden*
il salotto	*Wohnzimmer*
la camera da letto	*Schlafzimmer*
il bagno	*Bad*
la porta	*Tür*
la finestra	*Fenster*
il lavandino	*Waschbecken*
la sedia	*Stuhl*
la poltrona	*Sessel*
la scrivania	*Schreibtisch*

l'armadio	*Schrank*
il comodino	*Nachttisch*
la tenda	*Vorhang*
la lampada	*Lampe*
il vaso	*Vase*
Benvenuti!	*Willkommen!*
nuovo/-a	*neu*
entrare	*hereinkommen, eintreten*
mostrare	*zeigen*
Scusate!	*Entschuldigt!*
accanto	*nebenan*
ampio/-a	*geräumig*
luminoso/-a	*hell*
bello/-a	*schön*
la vista	*Ausblick*
dodicesimo/-a	*zwölfte/-r/-s*
da questa parte	*auf dieser Seite*
il mobile	*Möbel(stück)*
di (+ Material)	*aus*
il legno	*Holz*
piccolo/-a	*klein*
il single	*Single*
come me	*wie ich*
sedersi	*sich setzen*
comodo/-a	*bequem*
silenzioso/-a	*ruhig*
rumoroso/-a	*laut*
arredato/-a	*möbliert*
vuoto/-a	*leer*
vecchio/-a	*alt*
moderno/-a	*modern*
caro/-a	*teuer*
economico/-a	*günstig*
buio/-a	*dunkel*
stretto/-a	*eng*
la plastica	*Plastik*
il vetro	*Glas*
il marmo	*Marmor*
il metallo	*Metall*
il cotone	*Baumwolle*
la lana	*Wolle*
il vestito	*Kleid*
il cuscino	*Kissen*
l'impasto	*Teig*
il lievito di birra	*Bierhefe*
sciogliere	*auflösen*
il recipiente	*Schüssel*
impastare	*kneten*
fare lievitare	*gehen lassen*
l'ora	*Stunde*
per due ore	*zwei Stunden lang*
asciutto/-a	*trocken*
stendere	*ausrollen*
condire	*belegen*
a piacere	*nach Belieben*
per esempio	*zum Beispiel*
A chi?	*Wem?*
regalare	*schenken*
di design	*Designer-*
mettere in ordine	*aufräumen*
i lavori domestici (Pl.)	*Hausarbeit*
stirare	*bügeln*
apparecchiare	*den Tisch decken*
l'arredamento	*Einrichtung*
i doppi vetri (Pl.)	*Doppelglas*
purtroppo	*leider*

1°	primo	21°	ventunesimo
2°	secondo	22°	ventiduesimo
3°	terzo	23°	ventitreesimo
4°	quarto	24°	ventiquattresimo
5°	quinto	25°	venticinquesimo
6°	sesto	26°	ventiseiesimo
7°	settimo	…	
8°	ottavo	30°	trentesimo
9°	nono	40°	quarantesimo
10°	decimo	50°	cinquantesimo
11°	undicesimo	60°	sessantesimo
12°	dodicesimo	70°	settantesimo
13°	tredicesimo	80°	ottantesimo
14°	quattordicesimo	90°	novantesimo
15°	quindicesimo	100°	centesimo
16°	sedicesimo		
17°	diciassettesimo		
18°	diciottesimo		
19°	diciannovesimo		
20°	ventesimo		

Album di famiglia

FAMILIENALBUM

sehen

Mach es dir nun gemütlich, in einem Sessel oder auf dem Sofa, und blättere in einem alten Fotoalbum. Wie sind die Menschen, die du auf den Bildern siehst? Wie sehen sie aus, welche Eigenschaften haben sie? Denk bei allem, was du in dieser Lektion lernst, an Menschen, die dir wichtig sind – was du mit Gefühl lernst, wirst du nicht so schnell wieder vergessen!

hören
Tr. 44

i genitori
Eltern

il papà / la mamma
Papa/Mama

il figlio / la figlia
Sohn/Tochter

il nonno / la nonna
Opa/Oma

la sorella
Schwester

il fratello
Bruder

lo zio / la zia
Onkel/Tante

il marito
Ehemann

la moglie
Ehefrau

grasso/magro
dick/schlank

alto/basso
groß/klein

bello/brutto
schön/hässlich

giovane/vecchio
jung/alt

allegro/serio
fröhlich/ernst

simpatico
sympathisch

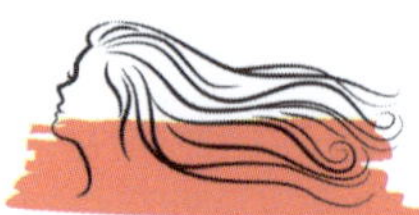

i capelli
Haare

gli occhi
Augen

i baffi
Schnurrbart

la barba
Bart

gli occhiali
Brille

Tr. 45

- • Nonno Carlo, guardiamo insieme l'album delle foto?
- ◎ Va bene, Marta. Ora lo prendo.
- • Questa sono io da piccola!
- ◎ Sì, qui sei con i tuoi genitori al mare.
- • E questo signore con i capelli neri e la barba chi è?
- ◎ Ma come? Guarda attentamente...
- • Ah sì, è lo zio Dario! Ma ora ha i capelli bianchi...
- ◎ E questo signore alto e magro, lo riconosci?
- • Certo, sei tu nonno! In questa foto sei particolarmente allegro.
- • Sì, è vero! Guarda, qui invece c'è un bambino...
- ◎ Ma è mio fratello! Che basso...
- • Beh, è più giovane di te.
- ◎ E anche più antipatico!
- • Ah ah ah!

1 **La famiglia di Marta.** *Martas Familie.* Lies die Sätze und trag die entsprechenden Namen in Martas Stammbaum ein.

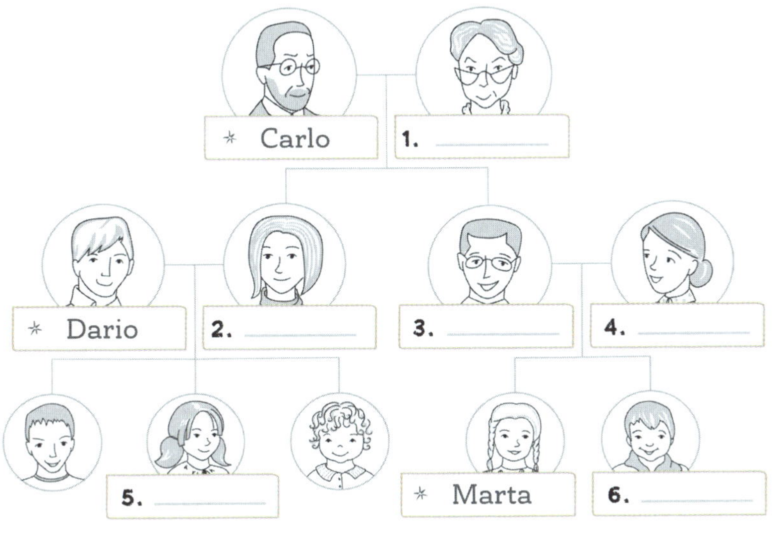

- Luisa è la nonna di Marta.
- Luca è il figlio di Luisa e Carlo.
- Elisa è la sorella di Luca.
- Pietro è il fratello di Marta.
- Alice è la mamma di Pietro.
- Sofia è la cugina di Marta.

2 Lies den Dialog noch einmal und unterstreich die Ausdrücke zur Beschreibung des Aussehens rot, die Adjektive, die die charakterlichen Merkmale einer Person beschreiben, blau und die Adjektive, die sich auf das Alter beziehen, grün.

fühlen

3

fühlen

sehen

Wie beschreibt man Personen? Lies die Adjektive, die für Haare und Augen verwendet werden, nimm Buntstifte und ergänz die Zeichnungen.
Anders als im Deutschen verwendet man bei der Beschreibung den bestimmten Artikel: **Lui ha i capelli bianchi.** *Er hat weiße Haare.*

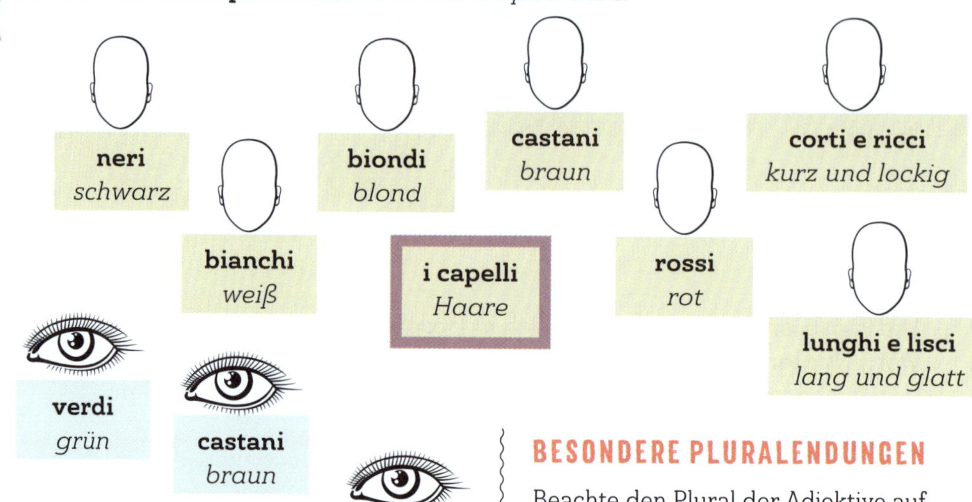

BESONDERE PLURALENDUNGEN

Beachte den Plural der Adjektive auf **-go**, **-co** und **-io**:
-go ➡ **-ghi**: **lungo** ➡ **lunghi** („gi");
-co ➡ **-chi**: **bianco** ➡ **bianchi** („ki");
-co ➡ **-ci**, wenn die drittletzte Silbe betont ist: **simpạtico** ➡ **simpạtici** („tschi");
-io ➡ meist **-i**: **riccio** ➡ **ricci**.

4

hören

Tr. 46

Marta und ihr Opa blättern weiter im Familienalbum. Hör dir den Dialog an und kreuz die richtige Antwort an. Wenn du nicht alles auf Anhieb verstehst, ist das völlig normal. Bei jedem Mal wirst du ein bisschen mehr verstehen!

1. Nella foto la nonna di Marta...
- ◯ **A** ha i capelli biondi e corti.
- ◯ **B** ha i capelli lunghi.

2. A Roma i nonni sono...
- ◯ **A** con i figli.
- ◯ **B** con Marta.

3. La zia di Marta...
- ◯ **A** ha gli occhi azzurri.
- ◯ **B** ha i capelli lisci.

4. Nella foto il nonno...
- ◯ **A** ha la barba e gli occhiali.
- ◯ **B** ha i baffi.

5

fühlen

Zeichne ein Porträt von dir und beschreib dich:

Ho i capelli ______________ e ______________;

Ho gli occhi ______________.

Sono ______________ e ______________.

Die Possessivbegleiter

Mit den Possessivbegleitern wird der Besitz oder die Zugehörigkeit ausgedrückt. Martas Opa sagt: **Qui sei con i tuoi genitori.** *Hier bist du mit deinen Eltern.*
Sieh dir zuerst die Formen an:

io	il mio	la mia	i miei	le mie
tu	il tuo	la tua	i tuoi	le tue
lui, lei, Lei	il suo/Suo	la sua/Sua	i suoi/Suoi	le sue/Sue
noi	il nostro	la nostra	i nostri	le nostre
voi	il vostro	la vostra	i vostri	le vostre
loro	il loro	la loro	i loro	le loro

Die Possessivbegleiter richten sich in Geschlecht und Zahl nach ihrem Bezugswort. Nur **loro** bleibt unverändert. Anders als im Deutschen wird in der 3. Person zwischen männlichem und weiblichem Besitzer nicht unterschieden:
il suo amico *sein/ihr Freund.*
Vor dem Possessivbegleiter steht in der Regel der bestimmte Artikel. Nur bei Verwandtschaftsbezeichnungen im Singular – außer bei **loro** – entfällt der Artikel:
mio fratello *mein Bruder*, aber **il loro fratello** *ihr Bruder.*

fühlen

Lass uns ein Spiel spielen! Nimm einen Würfel und eine Figur. Wenn du auf einem Feld mit einem Substantiv und dem Besitzer in Klammern landest, z. B. **amico (io)**, musst du „**il mio amico**" sagen. Überprüf dann die Lösung und spiel weiter, wenn sie richtig ist. Wenn du einen Fehler gemacht hast, geh auf das Feld zurück, von dem du gekommen bist. Beim Würfelsymbol darfst du noch einmal würfeln. Achte auf die Verwandtschaftsbezeichnungen!

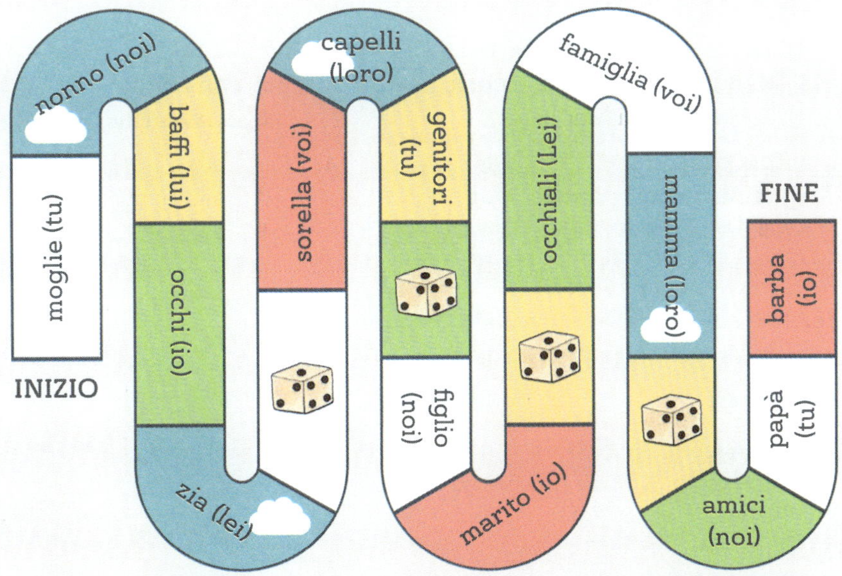

La torta della nonna

KUCHEN NACH GROSSMUTTERS ART

SCHMECKEN

Kennst du die Episode in Marcel Prousts berühmtem Buch, in der der Erzähler das erste Mal nach langer Zeit ein Dessert isst, das ihn augenblicklich in die Zeit seiner Kindheit zurückversetzt? Der französische Schriftsteller hatte bereits alles verstanden, was die Neurowissenschaft erst Jahrzehnte später entdecken sollte: Geruchs- und Geschmackssinn spielen eine grundlegende Rolle für das Gedächtnis und das Abrufen von Erinnerungen. Du kannst dir das beim Lernen zunutze machen. Versuch dich nun an diesem Rezept einer alten italienischen Spezialität: einem Mürbeteigkuchen, gefüllt mit einer leckeren Zitronencreme!

Zutaten:

Per l'impasto: 500 g di farina – **2** uova – **1** tuorlo – scorza grattugiata di **½** limone – **1** bustina di lievito per dolci – **200 g** di burro freddo
Per la crema: 90 g di zucchero – **3** tuorli – scorza grattugiata di **1** limone – **500 ml** di latte – **75 g** di farina – **50 g** di burro
Per decorare: 50 g di pinoli – zucchero a velo

1. **Per l'impasto:** Die in Stückchen geschnittene Butter zusammen mit allen anderen Zutaten in eine Schüssel geben und zu einem glatten Teig verkneten. Eine Kugel formen, in Folie einwickeln und 30 Min. kalt stellen.
2. **Per la crema: in una pentola mescolare lo zucchero con i tuorli, aggiungere il latte, la scorza di limone, il latte e la farina setacciata.** Erhitzen und unter ständigem Rühren eindicken lassen, etwas Butter einrühren. Die Creme abdecken und abkühlen lassen.

3. **Stendere 2/3 dell'impasto** und damit den Boden und Rand einer gebutterten Springform auskleiden. **Riempire con la crema.** Fehlt noch der Deckel: **stendere il resto dell'impasto per coprire la torta.**
4. **Decorare con i pinoli e cuocere in forno a 180 °C per circa 40 minuti.** Nach dem Abkühlen **coprire con lo zucchero a velo.**

---

la scorza grattugiata *abgeriebene Schale*
la bustina *Päckchen*
il lievito per dolci *Backpulver*
decorare *dekorieren*
il pinolo *Pinienkern*
lo zucchero a velo *Puderzucker*
la crema *Creme*
la pentola *Topf*
setacciato/-a *gesiebt*
riempire *füllen*
il resto *Rest*
coprire *bedecken,* hier auch: *bestreuen*

7 riechen

Für das Gedächtnis spielt auch das Riechen eine wichtige Rolle! Wähl einen dieser Gerüche, stell dir vor, dass du ihn riechst (oder tu es tatsächlich) und schreib so viele Wörter auf Italienisch auf, wie dir einfallen. Wenn dich kein Bild inspiriert, kannst du den Gegenstand zeichnen, dessen Geruch die meisten Empfindungen bei dir hervorruft.

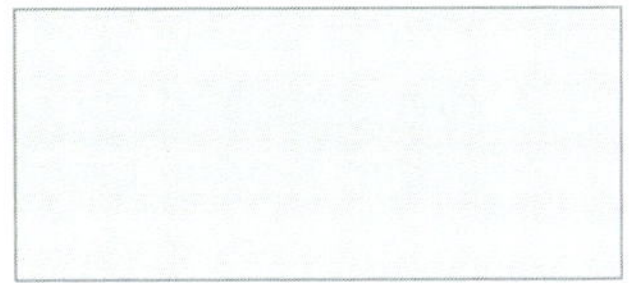

1. ______ 2. ______ 3. ______

Die Bildung der Adverbien auf -mente

Martas Opa sagt: **Guarda attentamente.** *Schau genau hin.* Das Adverb **attentamente** ist von einem Adjektiv abgeleitet, indem man an die weibliche Singularform **-mente** anhängt: **attento** ➡ **attenta** ➡ **attentamente**.
Bei Adjektiven auf **-e** bleibt die Endung erhalten: **dolce** ➡ **dolcemente** *süß*
Bei Adjektiven auf **-le/-re** entfällt das **e**: **particolare** ➡ **particolarmente** *besonders*

8 Bilde nun selbst zu diesen Adjektiven Adverbien.

1. veloce *schnell* ______
2. tranquillo *ruhig* ______
3. facile *einfach* ______
4. lento *langsam* ______
5. cortese *höflich* ______
6. onesto *ehrlich* ______

9 

Die Adjektive der letzten Übung können auch zur Beschreibung des Charakters einer Person verwendet werden. Lies die folgenden Adjektive und verbinde sie mit ihrem Gegenteil. Wie im Deutschen werden auch im Italienischen oft Vorsilben verwendet, um das Gegenteil zu bilden, so dass man, wenn man eine Form kennt, auf die andere schließen kann. Wähl danach ein paar Adjektive aus, die dich am besten repräsentieren: **Sei una persona divertente o noiosa? Tranquilla o agitata?** *Bist du ein lustiger oder ein langweiliger Mensch? Ruhig oder unruhig?*

1. simpatico/-a	A noioso
2. cortese	B lento/-a
3. maturo/-a	C scortese
4. tranquillo/-a	D disonesto/-a
5. onesto/-a	E agitato/-a
6. divertente	F immaturo/-a
7. veloce	G antipatico/-a

Der Komparativ und der Vergleichssatz

Der Komparativ (vgl. *älter*) bezeichnet den höheren Grad einer Eigenschaft (ausgedrückt durch **più** + Adjektiv) oder den niedrigeren (ausgedrückt durch **meno** + Adjektiv): **più giovane** *älter*, **meno maturo** *weniger reif*.
Möchte man zwei Personen oder Sachen miteinander vergleichen, wird das zweite Vergleichselement mit **di** (+ Artikel bei den Substantiven) angeschlossen, was dem deutschen *als* entspricht: **È più giovane di te.** *Er ist jünger als du.* **È più giovane della sorella.** *Er ist jünger als die Schwester.*
Dem deutschen *(genau)so ... wie* entspricht **come**; das Adjektiv steht in der Grundform: **È magro come il fratello.** *Er ist so schlank wie der Bruder.*

10 sehen

Zieh Vergleiche! Ergänz die Sätze mit dem Komparativ + **di** (+ Artikel) oder mit **come**.

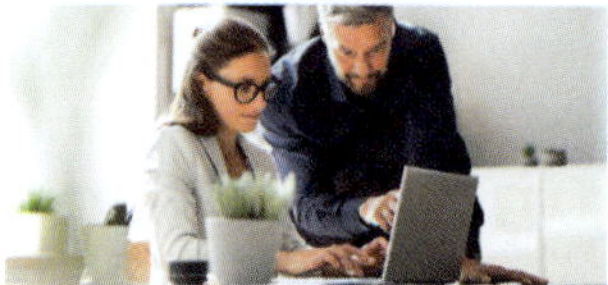

1. Lei è ____ giovane ____ Giorgio.

2. Lei è ____ allegra ____ amico.

3. Lui è ____ alto ____ me.

4. Mia mamma è ____ divertente ____ mio papà.

5. Ha i capelli ____ bianchi ____ Anna.

6. Lui è ____ tranquillo ____ sorella.

11 hören Tr. 47

Wenn du über deine Familie oder das Aussehen und den Charakter einer Person sprechen willst, sind die folgenden Fragen und Antworten nützlich. Hör zu und sprich sie nach.

È grande la tua famiglia?	*Ist deine Familie groß?*
Hai fratelli o sorelle?	*Hast du Brüder oder Schwestern?*
Lei ha i capelli neri e gli occhi verdi.	*Sie hat schwarze Haare und grüne Augen.*
Lui ha la barba e gli occhiali.	*Er trägt einen Bart und eine Brille.*
Sei una persona allegra?	*Bist du ein fröhlicher Mensch?*
Mio fratello è antipatico.	*Mein Bruder ist unsympathisch.*
Mio nonno parla sempre lentamente.	*Mein Opa spricht immer langsam.*
Oggi sei particolarmente allegro.	*Heute bist du besonders fröhlich.*
Marta è più alta di Pietro.	*Marta ist größer als Pietro.*
Dario è meno simpatico di Luca.	*Dario ist weniger sympathisch als Luca.*
Lui ha i capelli rossi come suo papà.	*Er hat rotes Haar wie sein Vater.*

12

fühlen

Jetzt geht es um dich und deine Familie. Mach dir schöne Musik an und zünde, wenn du magst, eine Duftkerze an. Erstell dann deinen Stammbaum. Ganz oben bist du, darunter deine Eltern, Großeltern und so weiter. Notier ihre Namen, die italienische Bezeichnung (z. B. **mia nonna**) und, wenn du möchtest, weitere Daten. Falls du noch mehr Menschen hinzufügen willst, platzier sie rund um den Baum.

io

Lösungen

1. 1. Luisa, 2. Elisa, 3. Luca, 4. Alice, 5. Sofia, 6. Pietro
2. *rot*: con i capelli neri e la barba, ha i capelli bianchi, signore magro e alto, (che) basso; *blau*: allegro, antipatico; *grün*: (da) piccola, giovane
4. 1. B, 2. A, 3. A, 4. B
6. 1. tua moglie, 2. nostro nonno, 3. i suoi baffi, 4. i miei occhi, 5. sua zia, 7. vostra sorella, 8. i loro capelli, 9. i tuoi genitori, 11. nostro figlio, 12. mio marito, 14. i Suoi occhiali, 15. la vostra famiglia, 16. la loro mamma, 18. i nostri amici, 19. tuo papà, 20. la mia barba
8. 1. velocemente, 2. tranquillamente, 3. facilmente, 4. lentamente, 5. cortesemente, 6. onestamente
9. 1. G, 2. C, 3. F, 4. E, 5. D, 6. A, 7. B
10. 1. più / di, 2. meno / dell', 3. - / come, 4. - / come, 5. più / di, 6. meno / della

Transkriptionen

TR. 45

• Nonno Carlo, guardiamo insieme l'album delle foto?	*Opa Carlo, schauen wir uns zusammen das Fotoalbum an?*
• Va bene, Marta. Ora lo prendo.	*Okay, Marta. Jetzt nehme ich es.*
• Questa sono io da piccola!	*Das bin ich als Kind!*
• Sì, qui sei con i tuoi genitori al mare.	*Ja, hier bist du mit deinen Eltern am Meer.*
• E questo signore con i capelli neri e la barba chi è?	*Und dieser Mann mit den schwarzen Haaren und dem Bart, wer ist er?*
• Ma come? Guarda attentamente...	*Aber wie? Schau genau hin ...*
• Ah sì, è lo zio Dario! Ma ora ha i capelli bianchi...	*Ah ja, das ist Onkel Dario! Aber jetzt hat er weiße Haare ....*
• E questo signore alto e magro, lo riconosci?	*Und dieser große, schlanke Mann, erkennst du ihn?*
• Certo, sei tu nonno! In questa foto sei particolarmente allegro.	*Natürlich, das bist du, Opa! Auf diesem Foto bist du besonders fröhlich.*
• Sì, è vero! Guarda, qui invece c'è un bambino...	*Ja, das stimmt. Schau, hier ist ein Kind ...*
• Ma è mio fratello! Che basso...	*Das ist ja mein Bruder! Wie klein ...*
• Beh, è più giovane di te.	*Nun, er ist jünger als du.*
• E anche più antipatico!	*Und auch unsympathischer!*
• Ah ah ah!	*Ha ha ha!*

TR. 46

• E questa signora con i capelli biondi e lunghi, chi è?	*Und diese Frau mit den blonden langen Haaren, wer ist das?*
• Ma è tua nonna da giovane!	*Aber das ist deine Großmutter als junge Frau!*
• Che bella!	*Wie schön!*
• Sì, qui siamo a Roma con tuo papà e tua zia Elisa.	*Ja, wir sind hier in Rom mit deinem Vater und deiner Tante Elisa.*
• La zia è la bambina con i capelli ricci e gli occhi azzurri?	*Die Tante ist das kleine Mädchen mit den lockigen Haaren und den blauen Augen?*
• Sì, è lei. E qui? Guarda Marta, sono io da giovane, con i baffi e gli occhiali!	*Ja, das ist sie. Und hier? Schau Marta, das bin ich als junger Mann, mit Schnurrbart und Brille!*

Lektionswortschatz

l'album (m.)	*Album*
la famiglia	*Familie*
i genitori (Pl.)	*Eltern*
il papà	*Papa*
il figlio	*Sohn, Kind*
la figlia	*Tochter*
il nonno	*Großvater, Opa*
la nonna	*Großmutter, Oma*
la sorella	*Schwester*
il fratello	*Bruder*

lo zio	*Onkel*
la zia	*Tante*
il marito	*Ehemann*
la moglie	*Ehefrau*
grasso/-a	*dick*
magro/-a	*schlank*
alto/-a	*groß* (Körpergröße)
basso/-a	*klein* (Körpergröße)
brutto/-a	*häßlich*
giovane	*jung*
allegro/-a	*fröhlich*
serio/-a	*ernst(haft)*
simpatico/-a	*sympathisch*
i capelli (Pl.)	*Haare*
l'occhio	*Auge*
i baffi (Pl.)	*Schnurrbart*
la barba	*Bart*
gli occhiali (Pl.)	*Brille*
guardare	*(an/hin)schauen*
insieme	*zusammen*
la foto (Pl. **le foto**)	*Foto*
da piccolo/-a	*als Kind*
nero/-a	*schwarz*
Guarda!	*Schau (hin)!*
attentamente	*genau, aufmerksam*
riconoscere	*erkennen*
particolarmente	*besonders*
il/la bambino/-a	*Kind*
più giovane di te	*jünger als du*
più antipatico	*unsympathischer*
il/la cugino/-a	*Cousin/-e*
biondo/-a	*blond*
castano/-a	*braun* (Haare, Augen)
corto/-a	*kurz*
riccio/-a	*lockig*
lungo/-a	*lang*
liscio/-a	*glatt*
verde	*grün*
azzurro/-a	*blau* (Augen)
da giovane	*als Jugendliche/-r, als junge/-r Frau/Mann*
i nonni (Pl.)	*Großeltern*
i figli (Pl.)	*Söhne, Kinder*
l'inizio	*Anfang*
la fine	*Ende*
la scorza grattugiata	*abgeriebene Schale*
la bustina	*Päckchen*
il lievito per dolci	*Backpulver*
la crema	*Creme*
per (+ Infinitiv)	*um ... zu* (+ Infinitiv)
decorare	*dekorieren*
il pinolo	*Pinienkern*
lo zucchero a velo	*Puderzucker*
la pentola	*Topf*
setacciato/-a	*gesiebt*
riempire	*füllen*
il resto	*Rest*
coprire	*bedecken,* hier auch: *bestreuen*
circa	*etwa*
veloce	*schnell*
tranquillo/-a	*ruhig*
facile	*leicht*
lento/-a	*langsam*
cortese	*höflich*
onesto/-a	*ehrlich*
divertente	*lustig, vergnüglich*
noioso/-a	*langweilig*
agitato/-a	*unruhig*
scortese	*unhöflich*
disonesto/-a	*unehrlich*
immaturo/-a	*unreif*
antipatico/-a	*unsympathisch*

Shopping a Milano

SHOPPING IN MAILAND

sehen

Die italienische Mode ist überall auf der Welt Symbol für Eleganz und Qualität. Mailand ist mit seinem **Quadrilatero della moda** *Modeviertel* weltberühmt. Kleidest du dich modisch und orientierst du dich an den aktuellen Trends oder bevorzugst du Secondhand-Kleidung? In Mailand ist für jeden Geschmack etwas dabei, also komm mit auf Shopping-Tour durch Italiens Modehauptstadt!

hören
Tr. 48

il negozio
Geschäft

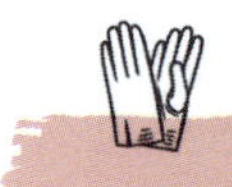

l'abbigliamento
Bekleidung

la taglia
Kleidergröße

il numero di scarpe
Schuhgröße

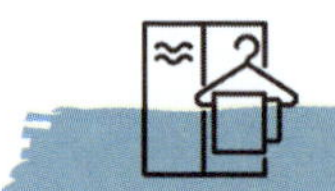

il camerino
Umkleidekabine

il colore
Farbe

a fiori
geblümt

a quadri / a righe
kariert/gestreift

l'abito
Kleid

la camicia
Hemd

la giacca
Jacke

i pantaloni
Hose

la gonna
Rock

la maglia
Pullover

la maglietta
T-Shirt

la cintura
Gürtel

chiaro/scuro
hell/dunkel

elegante/sportivo
elegant/sportlich

stretto/largo
eng/weit

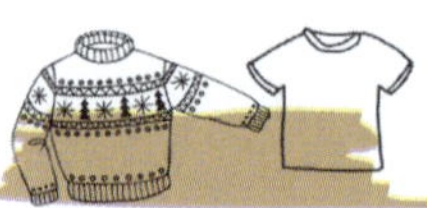

pesante/leggero
dick/leicht

Tr. 49

- Buongiorno, come posso aiutarla?
- ◎ Buongiorno, cerco un vestito per un matrimonio.
- Ha già un'idea del modello?
- ◎ Sì, vorrei un abito elegante e corto.
- Vediamo… Prima di tutto, che taglia porta?
- ◎ La 42.
- Quali colori preferisce?
- ◎ Blu, ma non troppo scuro. O rosa.
- Un momento. Ecco, le faccio vedere tre modelli: questo vestito rosa con la cintura, abbastanza corto. Oppure questo vestito azzurro, elegantissimo, un po' più lungo. E infine questo modello a fiori.
- ◎ No a fiori no, vorrei provare i primi due. Dov'è il camerino?

1 sehen

Die Kundin ist eine Freundin von dir und auf der Suche nach einem Kleid. Welche dieser Kleider will deine Freundin **provare** *anprobieren*? Kreuz an.

2 hören Tr. 50

Come Le stanno i vestiti? *Wie passen Ihnen die Kleider?* Hör dir den Dialog zwischen der **cliente** *Kundin* und dem **commesso** *Verkäufer* weiter an. Hast du alles verstanden? Teste es mit dieser Übung.

	richtig	falsch
1. Il vestito azzurro è grande.	○	○
2. Il commesso porta una taglia più piccola.	○	○
3. Il vestito rosa le sta bene.	○	○
4. La cliente non compra nulla.	○	○

GRÖßENTABELLE

Um die richtige italienische Konfektionsgröße auszurechnen, musst du zur deutschen vier hinzurechnen, z.B. deutsche Größe 38 = italienische Größe 42.

3

sehen

Jetzt kennst du schon einige Farben. Schreib sie unter die entsprechenden Kästchen und lern dann einige neue.

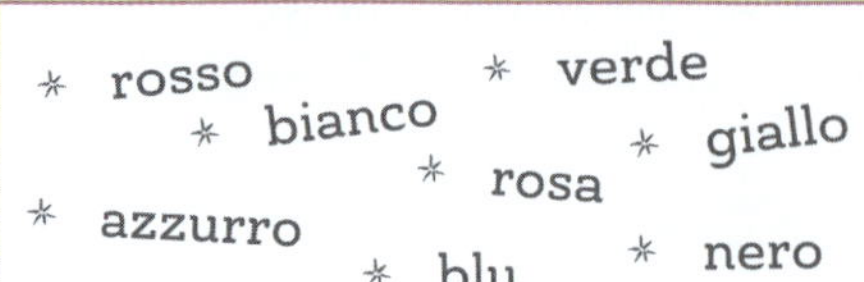

FARBADJEKTIVE

Die meisten Farbadjektive werden in Geschlecht und Zahl angeglichen, nur **blu**, **viola** und **rosa** sind unveränderlich: **le scarpe blu** *die blauen Schuhe.*

4

hören

Tr. 51

Come sono vestiti? Hör dir an, wie diese beiden Personen gekleidet sind. Zeichne ihre Kleidung in der passenden Farbe.

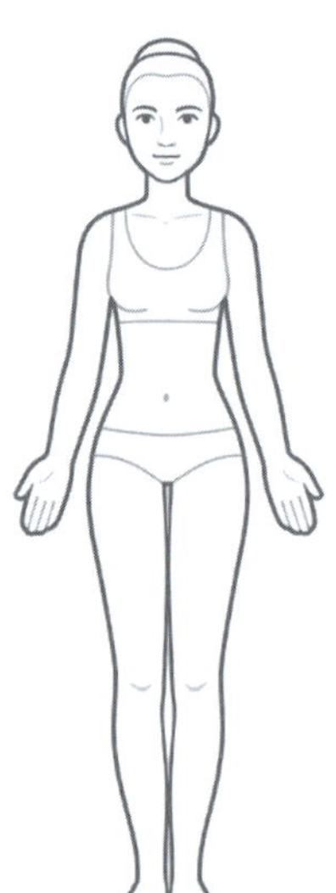

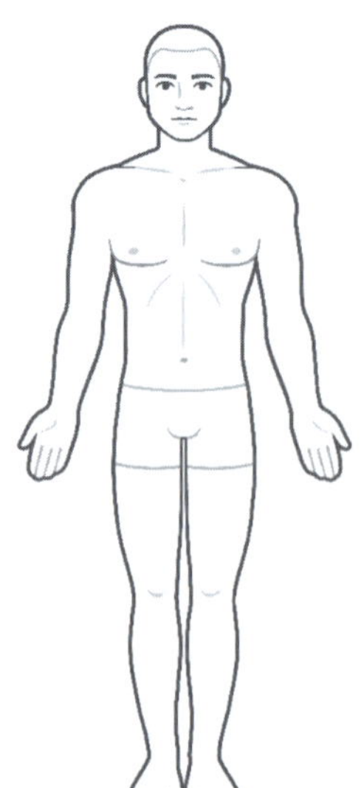

I PANTALONI

I pantaloni *die Hose* und **i jeans** *die Jeans* sind im Italienischen immer Plural. Um von einer Hose oder Jeans zu sprechen, wird **un paio di** *ein Paar* benutzt: **un paio di pantaloni**, **un paio di jeans**. Wie im Deutschen sagt man außerdem: **un paio di scarpe** *ein Paar Schuhe.*

5 sehen

Farben spielen eine wichtige Rolle für unser Gedächtnis und verbessern dessen Funktionen bei Lernprozessen, insbesondere beim Abrufen von Erinnerungen. **Rot**, **Orange** und **Gelb** stimulieren und steigern die Gehirnaktivität, während die Farben **Grün**, **Blau** und **Violett** für Entspannung sorgen. Teste das doch einmal: Nimm ein farbiges Blatt Papier und schreib die Wörter darauf, die du auswendig lernen willst. Häng es dann an die Wand und schau es von Zeit zu Zeit an. Bemerkst du eine Verbesserung der Gedächtnisleistung?

6

Auch Accessoires sind für ein Outfit wichtig, oder? Kannst du erkennen, über welches Accessoire hier gesprochen wird? Ordne die entsprechende Übersetzung zu.

1. Oggi c'è il sole, porto il mio **cappello** nuovo. ___ **A** Krawatte
2. Questa **sciarpa** di lana è molto calda! ___ **B** Hut
3. Stasera devo vestirmi elegante, dov'è la **cravatta**? ___ **C** Tasche
4. Prendo la **borsa** grande, devo portare molti libri. ___ **D** Schal

Die Demonstrativadjektive

Die Demonstrativadjektive werden verwendet, um auf Personen oder Sachen zu verweisen, die in der Nähe der sprechenden Person sind – **questo** *dieser, der hier* – oder weiter entfernt – **quello** *jener, der dort*. Hier die Formen:

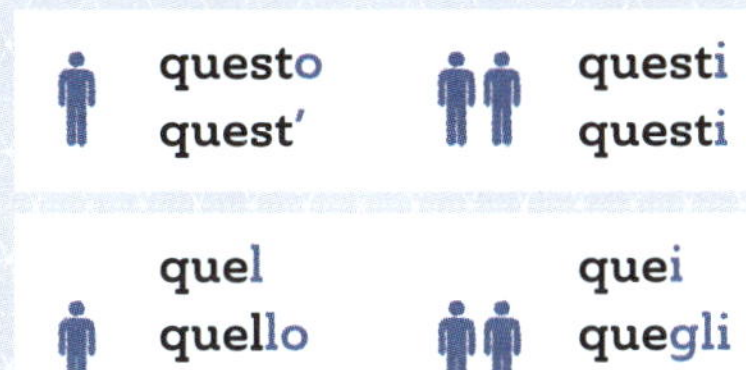

questo quest'	questi questi	questa quest'	queste queste
quel quello quell'	quei quegli quegli	quella quell'	quelle quelle

Beachte: Die Endungen von **quello** entsprechen, außer bei **quel**, dem bestimmten Artikel.

7

Nel negozio di abbigliamento. *Im Bekleidungsgeschäft.* Die Angestellten machen dir Vorschläge, aber du stimmst nie zu. Ergänz die Vorschläge mit der richtigen Form von **questo** und deine Antwort mit **quello**.

1. – Vuole provare ________ scarpe nere? – No, provo ________ scarpe blu.
2. – Le piacciono ________ pantaloni? – No, preferisco ________ jeans.
3. – Desidera provare ________ giacca? – No, vorrei provare ________ abito.
4. – Vuole anche ________ cappello? – No, ma prendo ________ occhiali.

REZEPT

Insalata russa

OLIVIERSALAT

Schmecken

Der Umgang mit Lebensmitteln spricht all unsere Sinne an, und die Farbe dessen, was wir auf dem Teller haben, beeinflusst den Geschmack und berührt unsere Gefühlswelt. Jeden Tag bunte Lebensmittel auf den Tisch zu bringen, fördert die Gesundheit und das Wohlbefinden und verbessert auch die Stimmung. Bereiten wir also gemeinsam diese farbenfrohe Vorspeise zu!

Zutaten:

6 patate – **150 g** di piselli – **150 g** di carote – **200 g** di maionese – **2** uova sode – olio extravergine di oliva – sale – pepe

1. Pelare le patate e le carote e tagliarle a dadini.
2. Cuocere a vapore le verdure: prima i piselli, dopo 8 minuti aggiungere le patate, 10 minuti le carote e fare cuocere tutte le verdure per altri 5 minuti.
3. Quando sono tiepide, aggiungere le uova sode tagliate a dadini e mescolare con un cucchiaino d'olio.
4. Salare e pepare, poi aggiungere la maionese e amalgamare delicatamente.
5. Fare riposare in frigorifero almeno un'ora prima di servire l'insalata russa.

i piselli *Erbsen*
la maionese *Mayonnaise*
uova sode *hart gekochte Eier*
pelare *schälen*
a dadini *in Würfel*
cuocere a vapore *dämpfen*
quando *wenn*
tiepido/-a *lauwarm*
pepare *pfeffern*
amalgamare *mischen*
delicatamente *vorsichtig*
fare riposare *ruhen lassen*
almeno *mindestens*
prima di *bevor*
servire *servieren*

Die Fragewörter che und quale

Im Dialog sind dir zwei Fragewörter begegnet: **Che taglia porta?** *Welche Größe tragen Sie?* **Quali colori preferisce?** *Welche Farben bevorzugen Sie?* Die beiden Fragewörter haben die gleiche Bedeutung, werden aber zum Teil unterschiedlich verwendet.

Che + Substantiv ...? ist unveränderlich und wird meist in der gesprochenen Sprache benutzt.

Quale + Substantiv ...? hat zwei Formen, eine für den Singular (**quale**) und eine für den Plural (**quali**). Vor **è** wird **quale** zu **qual** verkürzt und nicht apostrophiert: **Qual è...?** *Welche/-r/-s ist ...?*

8 Ergänz die Sätze mit den Formen von **che** und **quale**.

1. – ________ sono i tuoi negozi preferiti *Lieblingsgeschäfte*?
2. – Signore, ________ giacca vuole provare?
3. – ________ è la sua taglia?
4. – ________ scarpe compri, le blu o le nere?
5. – ________ vestito prendi?

9 Passt die Kleidung? Ordne die Bilder den Sätzen zu.

sehen

1

2

3

4

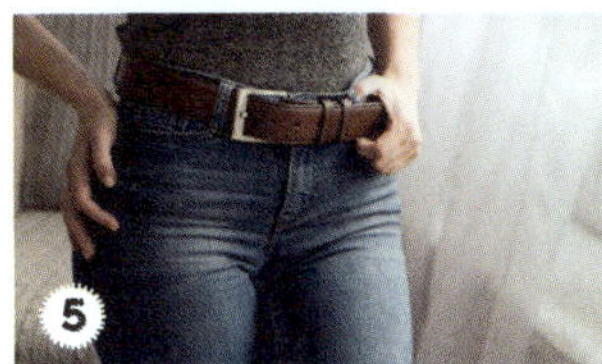
5

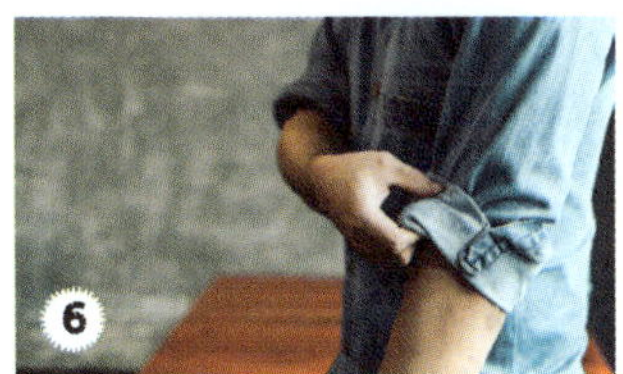
6

___ **A** La maglietta è troppo corta.
___ **B** I jeans sono perfetti!
___ **C** La camicia è un po' larga.
___ **D** La gonna è troppo lunga.
___ **E** Il vestito mi sta bene.
___ **F** La maglia è troppo pesante.

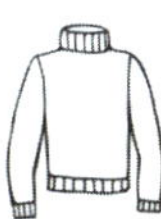

Der absolute Superlativ

Wenn du den sehr hohen Grad einer Eigenschaft ausdrücken willst, benutzt du den absoluten Superlativ. Er wird gebildet, indem man das Adjektiv oder Adverb um den Endvokal kürzt und **-issimo** anhängt:

bello ➡ **bellissimo/-a** *wunderschön* **bene** ➡ **benissimo** *sehr gut, super*

Bei den Adjektiven richtet sich der absolute Superlativ in Geschlecht und Zahl nach dem Bezugswort, bei den Adverbien ist er unveränderlich.

Ein sehr hoher Grad kann auch durch **molto** + Adjektiv ausgedrückt werden:

molto bello/-a *sehr schön* **molto bene** *sehr gut*

10 Bilde nun den absoluten Superlativ. Das Adjektiv in Klammern steht in der männlichen Form Singular.

1. Matteo, con la giacca e la cravatta sei *(elegante)* ______________________!
2. Linda, quell'abito ti sta *(bene)* ______________________!
3. Ma queste scarpe sono *(comodo)* ______________________!
4. Questi pantaloni sono *(leggero)* ______________________!

11 fühlen

Und jetzt etwas Bewegung! Steh auf und öffne deinen Kleiderschrank, berühr deine Kleidung und benenn sie auf Italienisch. Probier dann ein paar Outfits an und mach dir vor dem Spiegel Komplimente mit dem Superlativ!

12 hören Tr. 52

Verbinde die Erklärungen mit den Sätzen, die du beim Shoppen brauchen kannst. Hör dir dann zur Kontrolle die Sätze an und sprich nach. Was sagt man, ...

1. ... um zu fragen, wie man jemandem helfen kann? •
2. ... um nach der Kleidergröße zu fragen? •
3. ... um nach der Schuhgröße zu fragen? •
4. ... um zu fragen, ob man etwas anprobieren kann? •
5. ... um zu fragen, ob eine kleinere / größere Größe da ist? •
6. ... um zu fragen, wo die Umkleidekabine ist? •
7. ... um zu sagen, dass jemandem etwas sehr gut steht oder passt? •

- • **A** Posso provarlo?
- • **B** Dov'è il camerino?
- • **C** Le sta benissimo!
- • **D** Non ha una taglia più piccola / grande?
- • **E** Che numero di scarpe porta?
- • **F** Come posso aiutarla?
- • **G** Che taglia porta?

13

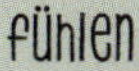

Jetzt gestaltest du selbst Mode! Nimm Modezeitschriften und erstell deine eigene Kollektion (Herbst/Winter oder Frühling/Sommer), indem du die Kleidungsstücke ausschneidest, die dir am besten gefallen. Wenn du möchtest, kannst du sie auch direkt zeichnen. Beschreib anschließend deine Modekollektion. Denk dabei an Farben, Muster, Passform und passende Accessoires.

Du brauchst:

- **riviste** *Zeitschriften*
- **forbici** *Schere*
- **colla** *Klebstoff*
- **matite colorate** *Buntstifte*

Lösungen

1. A, C
2. richtig: 3, falsch: 1, 2, 4
3. 1. bianco, 2. nero, 3. blu, 4. azzurro, 5. rosso, 6. rosa, 7. giallo, 8. verde
6. 1. B, 2. D, 3. A, 4. C
7. 1. queste, quelle; 2. questi, quei; 3. questa, quell'; 4. questo, quegli
8. 1. Quali, 2. quale / che, 3. Qual, 4. Quali / Che, 5. Quale / Che
9. 1. D, 2. A, 3. E, 4. F, 5. B, 6. C
10. 1. elegantissimo, 2. benissimo, 3. comodissime, 4. leggerissimi
12. 1. F, 2. G, 3. E, 4. A, 5. D, 6. B, 7. C

Transkriptionen

TR. 49

• Buongiorno, come posso aiutarla?	*Guten Morgen, wie kann ich Ihnen helfen?*
• Buongiorno, cerco un vestito per un matrimonio.	*Guten Morgen, ich suche ein Kleid für eine Hochzeit.*
• Ha già un'idea del modello?	*Haben Sie bereits eine Vorstellung von dem Modell?*
• Sì, vorrei un abito elegante e corto.	*Ja, ich möchte ein elegantes, kurzes Kleid.*
• Vediamo... Prima di tutto, che taglia porta?	*Schauen wir mal ... Zuallererst: Welche Größe tragen Sie?*
• La 42.	*38.*
• Quali colori preferisce?	*Welche Farben bevorzugen Sie?*
• Blu, ma non troppo scuro. O rosa.	*Blau, aber nicht zu dunkel. Oder rosa.*
• Un momento. Ecco, le faccio vedere tre modelli: questo vestito rosa con la cintura, abbastanza corto. Oppure questo vestito azzurro, elegantissimo, un po' più lungo. E infine questo modello a fiori.	*Einen Moment. Hier zeige ich Ihnen drei Modelle: dieses rosa Kleid mit Gürtel, ziemlich kurz. Oder dieses hellblaue Kleid, sehr elegant, ein bisschen länger. Und schließlich dieses geblümte Modell.*
• No a fiori no, vorrei provare i primi due. Dov'è il camerino?	*Nein, nicht geblümt, ich würde gerne die ersten beiden anprobieren. Wo ist die Umkleidekabine?*

TR. 50

• Allora come Le stanno i vestiti?	*Wie passen Ihnen die Kleider?*
• Quello azzurro è troppo stretto, non ha una taglia in più?	*Das blaue ist zu eng, haben Sie nicht eine größere Größe?*
• Ora controllo. No, mi dispiace, ho solo la 42.	*Ich sehe gerade nach. Nein, tut mir leid, ich habe nur Größe 38.*
• Il vestito rosa, mah, forse è troppo corto...	*Das rosa Kleid, na ja, vielleicht ist es zu kurz ...*
• Ma no, le sta benissimo! È molto elegante con questo vestito!	*Aber nein, es steht Ihnen sehr gut! Sie sehen in diesem Kleid sehr elegant aus!*
• Mmh... Non so... Ma sì, lo prendo!	*Ähm ... Ich weiß nicht ... Aber ja, ich nehme es!*

TR. 51

• La ragazza ha una maglia rossa, una gonna a fiori e un paio di scarpe gialle.	*Das Mädchen trägt einen roten Pullover, einen geblümten Rock und ein Paar gelbe Schuhe.*
• Il ragazzo ha una camicia azzurra a righe, una giacca blu, un paio di jeans e un paio di scarpe nere.	*Der Junge trägt ein hellblaues gestreiftes Hemd, eine blaue Jacke, ein Paar Jeans und ein Paar schwarze Schuhe.*

TR. 52

• Come posso aiutarla?	*Wie kann ich Ihnen helfen?*
• Che taglia porta?	*Welche Kleidergröße tragen Sie?*
• Che numero di scarpe porta?	*Welche Schuhgröße tragen Sie?*
• Posso provarlo?	*Kann ich es anprobieren?*

• Non ha una taglia più piccola / grande?	*Haben Sie nicht eine kleinere / größere Größe?*
• Dov'è il camerino?	*Wo ist die Umkleidekabine?*
• Le sta benissimo!	*Es steht / passt Ihnen sehr gut!*

Lektionswortschatz

lo shopping	*Shopping*
il Quadrilatero della moda	*Modeviertel*
il negozio	*Geschäft*
l'abbigliamento	*Bekleidung*
la taglia	*Kleidergröße*
il numero di scarpe	*Schuhgröße*
il camerino	*Umkleidekabine*
il colore	*Farbe*
a fiori	*geblümt*
a quadri	*kariert*
a righe	*gestreift*
l'abito	*Anzug, Kleid*
la camicia	*Hemd*
la giacca	*Jacke*
i pantaloni (Pl.)	*Hose*
la gonna	*Rock*
la maglia	*Pullover*
la maglietta	*T-Shirt*
la cintura	*Gürtel*
chiaro/-a	*hell*
scuro/-a	*dunkel*
elegante	*elegant*
sportivo/-a	*sportlich*
largo/-a	*weit, groß*
pesante	*schwer, dick, warm*
leggero/-a	*leicht, dünn*
aiutare	*helfen*
cercare	*suchen*
il matrimonio	*Hochzeit*
il modello	*Modell*
prima di tutto	*zuallererst*
portare	*tragen*
blu	*blau*
troppo (+ Adjektiv)	*zu*
rosa	*rosa*
il momento	*Moment*
fare vedere	*zeigen*
oppure	*oder*
azzurro/-a	*hellblau, azurblau*
elegantissimo/-a	*sehr elegant*
infine	*schließlich*
provare	*anprobieren*
stare	*stehen, passen* (Kleidung)
il/la cliente	*Kunde/Kundin*
il/la commesso/-a	*Verkäufer/-in*
quello/-a	*jene/-r/-s, der/das/die dort*
in più	hier: *größer*
controllare	hier: *nachsehen*
solo	*nur*
mah	*naja, tja*
arancione	*orange*
viola	*violett*
grigio/-a	*grau*
marrone	*braun*
vestito/-a	*gekleidet*
la scarpa	*Schuh*
il paio (Pl. **le paia**)	*Paar*
i jeans (Pl.)	*Jeans*
il cappello	*Hut*
la sciarpa	*Schal*
la cravatta	*Krawatte*
la borsa	*Tasche*
il negozio di abbigliamento	*Bekleidungsgeschäft*
i piselli	*Erbsen*
la maionese	*Mayonnaise*
sodo/-a	*hart gekocht*
pelare	*schälen*
a dadini	*in Würfel*
cuocere a vapore	*dämpfen*
quando	*wenn*
tiepido/-a	*lauwarm*
pepare	*pfeffern*
amalgamare	*mischen, verrühren*
delicatamente	*vorsichtig*
fare riposare	*ruhen lassen*
almeno	*mindestens*
prima di	*bevor*
servire	*servieren*
preferito/-a	*Lieblings-*
bellissimo/-a	*wunderschön*
la rivista	*Zeitschrift*
la matita colorata	*Buntstift*

Viaggio nel passato

REISE IN DIE VERGANGENHEIT

sehen

Begibst du dich gerne auf die Spuren der Geschichte, auch wenn du im Urlaub bist? An alten Orten liegt ein Hauch vergangener Zeiten in der Luft. In Sardinien gibt es nicht nur Traumstrände und kristallklares Meer, sondern auch Sehenswürdigkeiten, die uns zurückversetzen – sogar in die Bronzezeit, wie die sagenhaften prähistorischen Turmbauten, die Nuraghen. Hast du Lust, auf Entdeckungstour zu gehen? **Allora, andiamo!**

hören

Tr. 53

visitare
besichtigen

viaggiare
reisen

affittare
mieten

girare
herumfahren

l'albergo
Hotel

il campeggio
Campingplatz

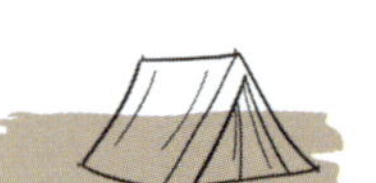

la tenda
Zelt

famoso/-a
berühmt

la costruzione
Bauwerk

la pietra
Stein

l'isola
Insel

la spiaggia
Strand

la costa
Küste

il monumento
Denkmal

il castello
Schloss

la grotta
Höhle

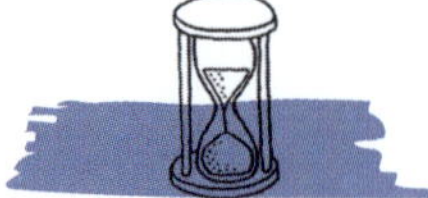

ieri
gestern

l'altro ieri
vorgestern

un mese fa
vor einem Monat

l'anno scorso
letztes Jahr

Tr. 54

- Ciao Giulio! Ma sei già arrivato dalle vacanze?
- ◎ Purtroppo sì, Elena... Sono tornato una settimana fa.
- E dove sei stato?
- ◎ In Sardegna.
- Davvero? Anch'io sono stata in Sardegna!
- ◎ Che coincidenza! Noi abbiamo affittato una macchina e abbiamo girato l'interno dell'isola.
- Che bello! Che cosa avete visitato?
- ◎ Abbiamo visitato i nuraghi più famosi, in tutto sono quasi 8000. Che costruzioni incredibili! Sono fatte solo con le pietre.
- Che bel viaggio nel passato! E dove avete dormito?
- ◎ In campeggio, con la tenda. E voi invece?
- Noi amiamo le vacanze tranquille. Siamo stati in un albergo al mare, con la spiaggia vicina.
- ◎ Ma non avete viaggiato e visitato un po' la costa?
- Eh no... quest'anno puro relax!

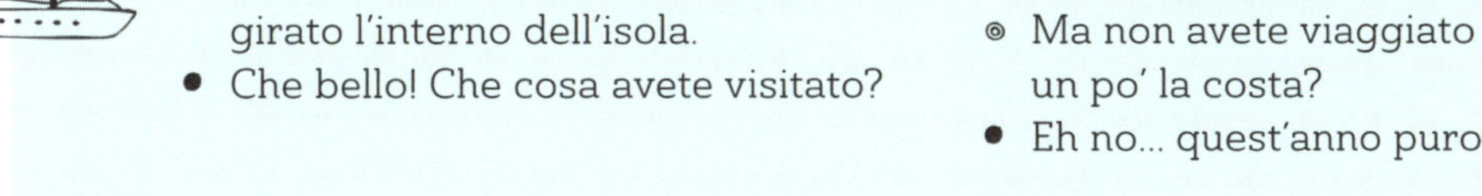

1 **Che coincidenza!** *So ein Zufall!* Giulio und Elena waren beide auf Sardinien, haben aber ihre Ferien ganz anders verbracht. Lies die Sätze: Zu welcher Person passt der jeweilige Satz? Schreib den Namen auf die Linie.

1. Vuole riposarsi: ______
2. Ama i viaggi culturali: ______
3. Dorme volentieri in natura: ______
4. Preferisce il mare: ______

2 Die zwei Freunde erzählen sich gegenseitig von ihren vergangenen Erlebnissen. Ordne die Übersetzungen zu und markier die Verbformen wie im Beispiel. Hör danach die italienischen Sätze an.

hören

Tr. 55

1. Sei già arrivato dalle vacanze? ___ **A** Wir sind herumgefahren.
2. Sono tornato una settimana fa. ___ **B** Bist du schon aus dem Urlaub angekommen?
3. Dove sei stato? ___ **C** Seid ihr nicht herumgereist?
4. Abbiamo girato. ___ **D** Was habt ihr besichtigt?
5. Che cosa avete visitato? ___ **E** Wo bist du gewesen?
6. Dove avete dormito? ___ **F** Ich bin vor einer Woche zurückgekehrt.
7. Non avete viaggiato? ___ **G** Wo habt ihr geschlafen?

3

Quanto tempo fa? *Vor wie langer Zeit?* Wenn wir uns in die Vergangenheit bewegen, brauchen wir das Wörtchen **fa** *vor*, das, wie du im Dialog siehst, nach der Zeitangabe steht. Ordne die folgenden Zeitangaben nach ihrer zeitlichen Abfolge. Beginn mit der am kürzesten zurückliegenden.

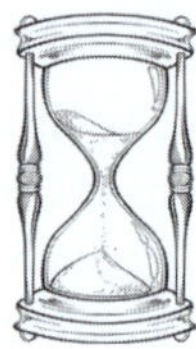

un'ora fa * l'anno scorso * due minuti fa * ieri * sei mesi fa * tre giorni fa * dieci anni fa * la settimana scorsa

____

____

____

4

hören Tr. 56

sehen

Dove sei stato/-a? *Wo bist du gewesen?* Hör dir die Antworten der verschiedenen Personen an und schreib die entsprechenden Reiseziele unter die Bilder.

* in montagna * in una città d'arte * al mare * in campagna

1. _______________

2. _______________

3. _______________

4. _______________

Das passato prossimo

Die Ereignisse, über die Giulio und Elena sprechen, liegen in der Vergangenheit. Sie benutzen daher eine Zeitform der Vergangenheit, nämlich das **passato prossimo**, das dem deutschen Perfekt entspricht. Es besteht aus den Formen von **avere** bzw. **essere** + Partizip Perfekt. Beim **passato prossimo** mit **essere** wird das Partizip in Geschlecht und Zahl dem Subjekt angeglichen: **Elena è andata in Sardegna.** *Elena ist nach Sardinien gefahren.*
Die regelmäßigen Partizipien der Verben auf **-are**, **-ere** und **-ire** enden auf **-ato**, **-uto** und **-ito**.

io	**ho**		io	**sono**	
tu	**hai**	**visitato**	tu	**sei**	**andato/-a**
lui/lei/Lei	**ha**	**avuto**	lui/lei/Lei	**è**	
noi	**abbiamo**	**dormito**	noi	**siamo**	
voi	**avete**		voi	**siete**	**andati/-e**
loro	**hanno**		loro	**sono**	

Der Gebrauch von **avere** und **essere** entspricht meist dem Gebrauch der Hilfsverben *haben* und *sein* im Deutschen. Ausnahmen: **ho viaggiato** *ich bin gereist*, **ho girato** *ich bin herumgefahren*, **ho passeggiato** *ich bin spazieren gegangen*.
Um die verneinte Form zu bilden, stellt man **non** vor das Hilfsverb: **Non avete viaggiato?** *Seid ihr nicht herumgereist?*

5 **Cosa hanno fatto ieri?** *Was haben sie gestern gemacht?* Setz hier die passenden Formen des **passato prossimo** ein und erzähl am Ende etwas von dir!

1. Ieri sera io e Gianni *(guardare)* ________________ un film alla TV.
2. Carlotta *(andare)* ________________ in ufficio e poi *(uscire)* ________________ con le amiche.
3. Ieri *(dormire)* ________________ tutto il giorno e oggi sto bene!
4. E tu, cosa hai fatto ieri? ________________________________.

6 hören Tr. 57 fühlen

Viele Partizipien, besonders die der Verben auf **-ere**, haben unregelmäßige Formen, die man auswendig lernen sollte, am besten zusammen mit dem Infinitiv, wie z. B **essere ➡ stato** oder **fare ➡ fatto**. Hör dir nun eine Liste von Verben mit unregelmäßigem Partizip an, denk dir dann eine Art Rap aus, nimm ihn mit deiner eigenen Stimme auf und hör ihn dir an, während du kochst, mit öffentlichen Verkehrsmitteln unterwegs bist oder irgendwo in einer Schlange stehst: Der Rhythmus hilft, die Vokabeln leichter zu lernen!

Pane frattau

SARDISCHE LASAGNE

Schmecken

Kennst du **pane carasau**, eines der berühmtesten Erzeugnisse Sardiniens? Vermutlich wurde dieses dünne und knusprige Fladenbrot als Grundnahrungsmittel bereits in der Bronzezeit hergestellt, als die Nuraghenkultur auf Sardinien ihre Blütezeit erlebte. Heute bereiten wir daraus zusammmen die sardische Lasagne zu! Diese Spezialität ist in der Gegend von Barbagia (eine Gebirgsregion in Zentralsardinien) zu Hause.

Zutaten (für 4 Teller):
8 fogli di pane carasau - **350 g** di passata di pomodoro - **1/2** cipolla - **200 g** di pecorino sardo grattugiato - **4** uova - olio extravergine di oliva - sale

1. Per preparare il sugo, tritare la cipolla e rosolarla in una padella insieme a un paio di cucchiai d'olio.
2. Poi aggiungere la passata di pomodoro, il sale e cuocere per circa 15 minuti.
3. Quando il sugo è pronto, far bollire dell'acqua salata in una pentola larga e bassa dove immergere, uno alla volta e per pochi secondi, i fogli di pane carasau.
4. Togliere i fogli con una schiumarola e alternare per ogni piatto strati di pane a strati di sugo e pecorino grattugiato e finire con un uovo in camicia (immergere l'uovo in acqua bollente fino a quando solo il bianco è cotto).

il pecorino sardo *sardischer Schafskäse*
tritare *hacken*
pronto/-a *fertig*
far bollire *zum Sieden bringen*
basso/-a *flach, niedrig*
immergere *eintauchen*
uno alla volta hier: *nacheinander*
poco/-a *wenig*
il secondo *Sekunde*
togliere *herausnehmen*
la schiumarola *Schaumlöffel*
alternare *abwechseln*
lo strato *Schicht*
l'uovo in camicia *pochiertes Ei*
bollente *kochend*
fino a quando *bis*
il bianco *Eiweiß*
cotto/-a hier: *gestockt*

7

hören
Tr. 58
riechen

Bilder sind nicht unsere einzigen Erinnerungen, unser Gehirn hat zahllose Gerüche gespeichert – und diese sind mit unseren Emotionen verbunden. **Chiudi gli occhi. Respira profondamente.** *Schließ die Augen, atme tief ein.* Hör zu und erinnere dich an das, was du gerochen hast. Notier hier Stichwörter, die dir einfallen.

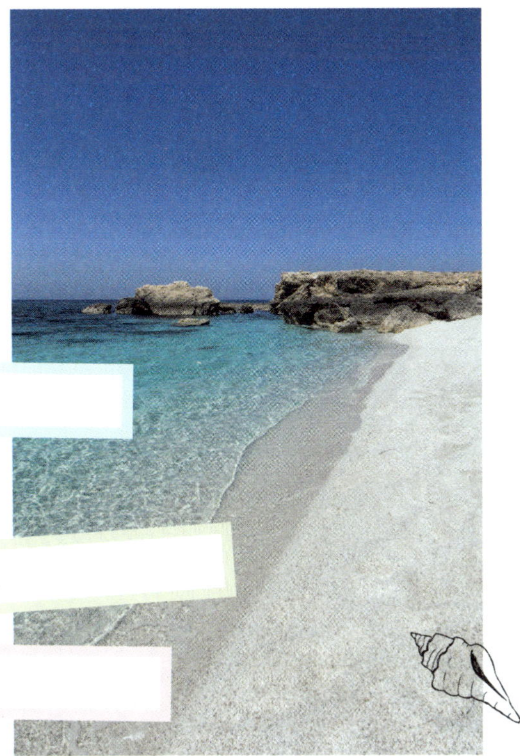

Der relative Superlativ

Der relative Superlativ drückt den höchsten oder den niedrigsten Grad einer Eigenschaft aus. Dabei folgt dem bestimmten Artikel + Substantiv **più** / **meno** + Adjektiv: **la spiaggia più bella** *der schönste Strand.* Eine weitere Ergänzung kann mit **di** (+ Artikel) angeschlossen werden: **Abbiamo visitato i nuraghi più famosi della Sardegna.** *Wir haben die berühmtesten Nuraghen Sardiniens besichtigt.*

8

Ergänz die Sätze mit dem relativen Superlativ. Denk an den bestimmten Artikel und die Ergänzung mit **di** (+ Artikel).

1. Quella in Sardegna è stata *(vacanza / bella)* ____________________ mia vita *Leben.*
2. La Sardegna e la Sicilia sono *(isole / grandi)* ____________________ Mediterraneo *Mittelmeer.*
3. Stintino è *(spiaggia / famosa)* ____________________ isola.

9 Mehr als Strände und Nuraghen: Was kann man auf Sardinien noch besichtigen? Finde die Begriffe in der Wörterschlange und schreib sie neben die Übersetzung.

NOMUSEITEGROTTEPMONUMENTILACHIESECASTELLISOLE

1. Denkmäler ➡ ____________
2. Höhlen ➡ ____________
3. Museen ➡ ____________
4. Kirchen ➡ ____________
5. Schlösser, Burgen ➡ ____________

10 **Anch'io!** *Ich auch!* Wenn jemand etwas sagt, kannst du entweder zustimmen oder nicht, wie du im Dialog gelesen hast. Lies die möglichen Reaktionen und dann antworte so, wie es für dich passt.

In vacanza sono stato in Sardegna. **Anch'io.** *Ich auch.* / **Io no.** *Ich nicht.*
Quest'anno non vado in vacanza. **Io sì.** *Ich schon.* / **Neanch'io.** *Ich auch nicht.*

1. Abito al mare.

____

2. Non amo la montagna.

____

3. Non conosco la Sardegna.

____

4. Sono stato/-a in Italia.

____

11 Wenn du über vergangene Ereignisse im Urlaub sprechen willst, sind die folgenden Fragen und Antworten nützlich. Hör zu und sprich sie nach.

Tr. 59

Dove siete stati in vacanza?	*Wo seid ihr im Urlaub gewesen?*
Siamo stati a Roma, e voi?	*Wir sind in Rom gewesen, und ihr?*
Quando siete tornati?	*Wann seid ihr zurückgekommen?*
Siamo tornati una settimana fa.	*Wir sind vor einer Woche zurückgekommen.*
Che cosa avete visitato?	*Was habt ihr besichtigt?*
Abbiamo visitato i monumenti più importanti.	*Wir haben die wichtigsten Denkmäler besichtigt.*
Dove avete dormito?	*Wo habt ihr geschlafen?*
Abbiamo dormito in albergo.	*Wir haben in einem Hotel geschlafen.*
È stata la vacanza più bella della mia vita.	*Es ist der beste Urlaub meines Lebens gewesen.*

12 fühlen

Jetzt willst du eine siebentägige Reise für eine Gruppe auf Sardinien organisieren: Welche Strecke und welche Etappen planst du? Was wollt ihr erleben und besichtigen? Recherchier im Internet, zeichne die Route auf der Karte der Insel ein und füll den **programma di viaggio** *Reiseplan* aus.

Lösungen

1. 1. Elena, 2. Giulio, 3. Giulio, 4. Elena
2. 1. B, 2. F Sono tornato, 3. E sei stato, 4. A Abbiamo girato, 5. D avete visitato, 6. G avete dormito, 7. C avete viaggiato
3. due minuti fa, un'ora fa, ieri, tre giorni fa, la settimana scorsa, sei mesi fa, l'anno scorso, dieci anni fa
4. 1. in una citta d'arte, 2. in campagna, 3. al mare, 4. in montagna
5. 1. abbiamo guardato; 2. è andata, è uscita; 3. ho dormito
8. 1. la vacanza più bella della, 2. le isole più grandi del, 3. la spiaggia più famosa dell'
9. 1. monumenti, 2. grotte, 3. musei, 4. chiese, 5. castelli

Transkriptionen

TR. 54

• Ciao Giulio! Ma sei già arrivato dalle vacanze?	*Hallo Giulio! Bist du denn schon aus dem Urlaub zurück?*
• Purtroppo sì, Elena... Sono tornato una settimana fa.	*Leider ja, Elena ... Ich bin vor einer Woche zurückgekehrt.*
• E dove sei stato?	*Und wo bist du gewesen?*
• In Sardegna.	*Auf Sardinien.*
• Davvero? Anch'io sono stata in Sardegna!	*Wirklich? Ich bin auch auf Sardinien gewesen!*
• Che coincidenza! Noi abbiamo affittato una macchina e abbiamo girato l'interno dell'isola.	*Was für ein Zufall! Wir haben ein Auto gemietet und sind im Inneren der Insel herumgefahren.*
• Che bello! Che cosa avete visitato?	*Wie schön! Was habt ihr besichtigt?*
• Abbiamo visitato i nuraghi più famosi, in tutto sono quasi 8000. Che costruzioni incredibili! Sono fatte solo con le pietre.	*Wir haben die berühmtesten Nuraghen besichtigt, insgesamt gibt es fast 8000. Was für unglaubliche Bauwerke! Sie sind nur aus Steinen gemacht.*
• Che bel viaggio nel passato! E dove avete dormito?	*Was für eine schöne Reise in die Vergangenheit! Und wo habt ihr geschlafen?*
• In campeggio, con la tenda. E voi invece?	*Auf einem Campingplatz, in einem Zelt. Und ihr?*
• Noi amiamo le vacanze tranquille. Siamo stati in un albergo al mare, con la spiaggia vicina.	*Wir lieben ruhige Ferien. Wir sind in einem Hotel am Meer gewesen, mit einem Strand in der Nähe.*
• Ma non avete viaggiato e visitato un po' la costa?	*Aber seid ihr nicht herumgereist und habt ein wenig die Küste angeschaut?*
• Eh no... quest'anno puro relax!	*Äh, nein ... dieses Jahr Entspannung pur!*

TR. 56

• Quest'anno in vacanza siamo andati a Roma e abbiamo visitato le sue bellissime chiese.	*Dieses Jahr sind wir in den Ferien nach Rom gefahren und haben die wunderschönen Kirchen besichtigt.*
• Abbiamo affittato una casa in Toscana nella natura.	*Wir haben ein Haus in der Toskana in der Natur gemietet.*
• Sono stata dieci giorni in un albergo davanti alla spiaggia.	*Ich bin zehn Tage in einem Hotel am Strand gewesen.*
• Sono stato sulle Alpi e ho fatto trekking.	*Ich bin in den Alpen gewesen und bin gewandert.*

TR. 57

bere > bevuto	*trinken > getrunken*
conoscere > conosciuto	*kennenlernen > kennengelernt*
essere > stato	*sein > gewesen*
fare > fatto	*machen > gemacht*
leggere > letto	*lesen > gelesen*
mettere > messo	*stellen > gestellt*
offrire > offerto	*anbieten > angeboten*
perdere > perso	*verlieren > verloren*
prendere > preso	*nehmen > genommen*
scrivere > scritto	*schreiben > geschrieben*
vedere > visto	*sehen > gesehen*
venire > venuto	*kommen > gekommen*

TR. 58

Chiudi gli occhi. Respira profondamente. Sei in spiaggia. Quali odori senti?	*Schließ die Augen. Atme tief ein. Du bist am Strand. Welche Gerüche nimmst du wahr?*
Respira profondamente. Sei in acqua. Quali odori senti?	*Atme tief ein. Du bist im Wasser. Was riechst du?*
Respira profondamente. Sei in un ristorante al mare. Quali odori senti?	*Atme tief ein. Du bist in einem Restaurant am Meer. Was riechst du?*

Lektionswortschatz

il viaggio	*Reise*
il passato	*Vergangenheit*
visitare	*besichtigen*
viaggiare	*(herum)reisen*
affittare	*mieten*
girare	*herumfahren*
l'albergo	*Hotel*
il campeggio	*Campingplatz*
la tenda	*Zelt*
famoso/-a	*berühmt*
la costruzione	*Bauwerk*
la pietra	*Stein*
l'isola	*Insel*
la spiaggia	*Strand*
la costa	*Küste*
il monumento	*Denkmal*
il castello	*Schloss, Burg*
la grotta	*Höhle*
ieri	*gestern*
l'altro ieri	*vorgestern*
il mese	*Monat*
fa (nachgestellt)	*vor*
scorso/-a	*vergangene/-r/-s, letzte/-r/-s*
la settimana	*Woche*
Sardegna	*Sardinien*
la coincidenza	*Zufall*
l'interno	*Innere*
il nuraghe	*Nuraghe*
in tutto	*insgesamt*
quasi	*fast*
incredibile	*unglaublich*
vicino/-a	*nahe/-r/-s, in der Nähe*
puro/-a	*pure/-r/-s*
il relax	*Entspannung*
culturale	*kulturell*
la natura	*Natur*
la città d'arte	*Kunststadt*
il pane carasau	(sardisches Fladenbrot)
il pecorino	*Schafskäse*
sardo/-a	*sardisch*
tritare	*hacken*
pronto/-a	*fertig*
far bollire	*zum Sieden bringen*
basso/-a	*flach, niedrig*
immergere	*eintauchen*
uno alla volta	hier: *nacheinander*
poco/-a	*wenig*
il secondo	*Sekunde*
togliere	*herausnehmen*
la schiumarola	*Schaumlöffel*
alternare	*abwechseln*
lo strato	*Schicht*
l'uovo in camicia	*pochiertes Ei*
bollente	*kochend*
fino a quando	*bis*
il bianco	*Eiweiß*
cotto/-a	hier: *gestockt*
chiudere	*schließen*
Chiudi!	*Schließ!*
respirare	*(ein)atmen*
Respira!	*Atme ein!*
profondamente	*tief*
sentire	*wahrnehmen*
la vita	*Leben*
il Mediterraneo	*Mittelmeer*
il museo	*Museum*
anch'io	*ich auch*
neanch'io	*ich auch nicht*
il programma	*Programm, Plan*
il posto	*Ort*
cose da fare	*Dinge, die zu tun sind*

Quando ero piccolo

ALS ICH EIN KIND WAR

sehen

War es ein langer Tag auf der Arbeit? Jetzt entspann dich, setz dich in einen Sessel und schlag ein Buch auf. Lesen ist eine Tür, die unendlich viele Möglichkeiten eröffnet und verschiedene geistige Prozesse wie Gedächtnis, Denken und Wahrnehmung stärkt. Bist du bereit für eine Reise in die Kindheit? Bevor du die zwei Seiten aus dem Buch **„Quando ero piccolo"** liest, findest du hier ein paar nützliche Wörter.

hören

Tr. 60

l'infanzia
Kindheit

il ricordo
Erinnerung

la data
Datum

l'adulto
Erwachsene/-r

l'albero
Baum

il fiore
Blume

preferito/-a
Lieblings-

il/la vicino/-a
Nachbar/-in

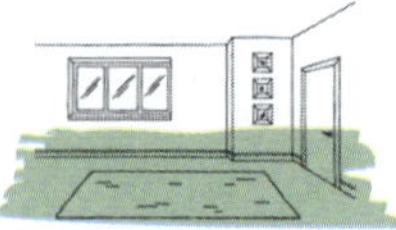

la camera
Zimmer

il giocattolo
Spielzeug

chiamare
rufen

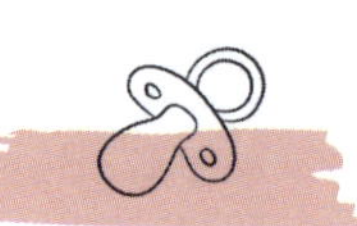

nascere
geboren werden

crescere
groß werden

trasferirsi
umziehen

laurearsi
die Hochschule abschließen

sposarsi
heiraten

a quei tempi
damals

in passato
früher

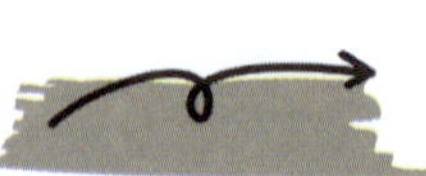

a un certo punto
irgendwann

improvvisamente
plötzlich

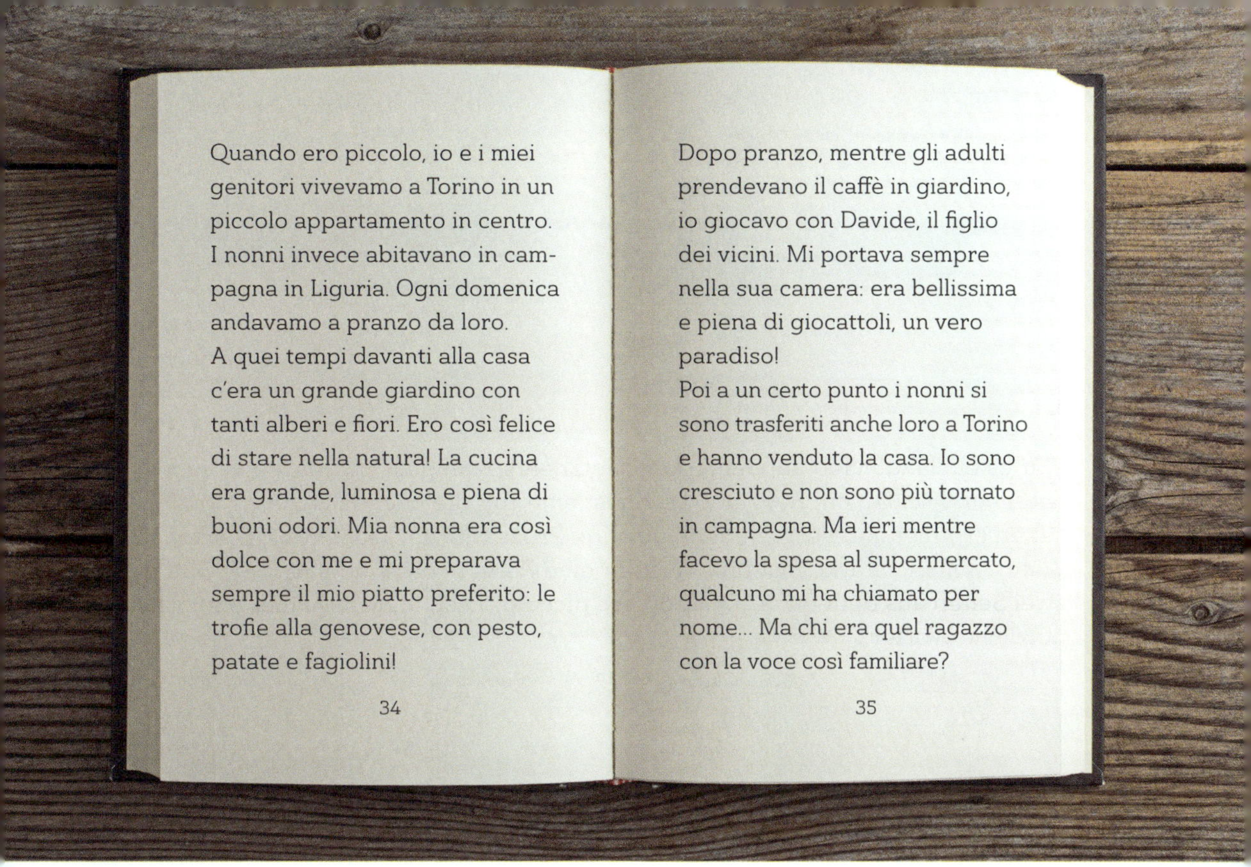

Quando ero piccolo, io e i miei genitori vivevamo a Torino in un piccolo appartamento in centro. I nonni invece abitavano in campagna in Liguria. Ogni domenica andavamo a pranzo da loro.
A quei tempi davanti alla casa c'era un grande giardino con tanti alberi e fiori. Ero così felice di stare nella natura! La cucina era grande, luminosa e piena di buoni odori. Mia nonna era così dolce con me e mi preparava sempre il mio piatto preferito: le trofie alla genovese, con pesto, patate e fagiolini!

34

Dopo pranzo, mentre gli adulti prendevano il caffè in giardino, io giocavo con Davide, il figlio dei vicini. Mi portava sempre nella sua camera: era bellissima e piena di giocattoli, un vero paradiso!
Poi a un certo punto i nonni si sono trasferiti anche loro a Torino e hanno venduto la casa. Io sono cresciuto e non sono più tornato in campagna. Ma ieri mentre facevo la spesa al supermercato, qualcuno mi ha chiamato per nome... Ma chi era quel ragazzo con la voce così familiare?

35

1 hören Tr. 61

Chi era quel ragazzo con la voce così familiare? *Wer war der junge Mann mit der so vertrauten Stimme?* Lies den Auszug aus der Autobiografie und notier deine Vermutung. Hör dann, wie die Geschichte weitergeht. Richtig geraten?

2 riechen

Erinnerungen sind oft stark mit Gerüchen verbunden: **La cucina era piena di buoni odori.** *Die Küche war voller guter Gerüche.* Welche Personen, Orte oder Ereignisse deiner Kindheit verbindest du mit Gerüchen? Schreib sie auf.

3 Gli eventi più importanti della vita. *Die wichtigsten Ereignisse im Leben.*

Lies die Sätze und ordne sie dem passenden Bild zu.

Sehen

___ **A** Nel 2008 mi sono laureato.

___ **B** Nel 2009 mi sono trasferito in America.

___ **C** Nel 2011 mi sono sposato.

___ **D** Nel 2012 ho comprato una casa.

___ **E** Nel 2015 è nato mio figlio.

___ **F** Nel 2018 sono diventato professore.

JAHRESZAHLEN

Vor Jahreszahlen steht der bestimmte Artikel **il** bzw. **nel**: **il 2022** *(das Jahr) 2022*, **nel 2008** *(im Jahr) 2008*. Man spricht die Jahreszahlen ab 2000 wie im Deutschen: **duemilaotto** *zweitausendacht*.

ANDERS ALS IM DEUTSCHEN

Reflexive Verben bilden das **passato prossimo** mit **essere**: **Si sono incontrati.** *Sie haben sich getroffen.* Beachte: Die Verben **laurearsi**, **trasferirsi** und **sposarsi** sind im Italienischen reflexiv.

4

Was drücken die folgenden Sätze aus der Erzählung über die Kindheit aus? Ordne die passende Erklärung zu. Ist dir aufgefallen, dass eine neue Vergangenheitsform verwendet wird? Unterstreich sie wie im Beispiel.

1. Quando ero piccolo, io e i miei genitori vivevamo a Torino.	•	**A** Beschreibung einer Person
2. Ogni domenica andavamo a pranzo da loro.	•	**B** Beschreibung eines Ortes
3. La cucina era grande, luminosa e piena di buoni odori.	•	**C** Beschreibung einer Situation
4. Mia nonna era così dolce con me.	•	**D** gewohnheitsmäßige Handlungen
5. Mentre prendevano il caffè in giardino, io giocavo con Davide.	•	**E** zwei gleichzeitg stattfindende Handlungen

Das imperfetto

Willst du von Handlungen mit einer unbestimmten Dauer, von Gewohnheiten oder sich wiederholenden Handlungen erzählen oder möchtest du Personen, Sachen, Orte und Situationen in der Vergangenheit beschreiben? Dann musst du das **imperfetto** verwenden. Die meisten Verben sind im **imperfetto** regelmäßig. Sie sind leicht zu lernen! Nur das Verb **essere** ist völlig unregelmäßig.

	-are	**-ere**	**-ire**	**essere**
io	**abitavo**	**vivevo**	**dormivo**	**ero**
tu	**abitavi**	**vivevi**	**dormivi**	**eri**
lui/lei/Lei	**abitava**	**viveva**	**dormiva**	**era**
noi	**abitavamo**	**vivevamo**	**dormivamo**	**eravamo**
voi	**abitavate**	**vivevate**	**dormivate**	**eravate**
loro	**abitavano**	**vivevano**	**dormivano**	**erano**

Beachte: Die Verben **fare** und **bere** ändern im **imperfetto** den Stamm: **facevo**, **facevi...**; **bevevo**, **bevevi...**

Wie war es früher? Und wie ist es heute? Ergänz die Erzählung mit den passenden Zeitformen in der Ich-Form: links im **imperfetto**, rechts im Präsens.

In passato...

1. ... *(abitare)* ______________ in centro.
2. ... *(andare)* ______________ a scuola a piedi.
3. ... *(essere)* ______________ molto vivace *lebhaft*.
4. ... mi *(piacere)* ______________ tanto giocare nella natura!

Oggi...

1. ... *(abitare)* ______________ in campagna.
2. ... *(andare)* ______________ in ufficio in macchina.
3. ... *(essere)* ______________ una persona tranquilla.
4. ... mi *(piacere)* ______________ tanto fare trekking!

REZEPT

Trofie alla genovese

PASTA MIT PESTO, KARTOFFELN UND GRÜNEN BOHNEN

Schmecken

Die ganze Region Ligurien duftet nach frischem Basilikum, der Hauptzutat des **pesto ligure**, hier verfeinert mit Kartoffeln und grünen Bohnen. Dieses Gericht wird traditionell nicht nur mit **trofie** (gedrehten Nudeln), sondern auch mit **trenette** (einer Art flachen Spaghetti) gegessen. Das traditionelle Pesto wird übrigens in einem Marmormörser mit einem Holzstößel zubereitet. Bequemer ist es natürlich mit einem Mixer, wie in unserem Rezept.

Zutaten:
80 g di basilico - **1 spicchio** d'aglio - **50 g** di pinoli - **60 g** di parmigiano reggiano - **40 g** di pecorino - **200 g** di patate - **150 g** di fagiolini - **500 g** di trofie - olio extravergine di oliva - sale

1. Lavare bene le foglie di basilico, asciugarle e metterle in un recipiente insieme all'aglio e un po' di sale.
2. Frullare a intermittenza, poi aggiungere i pinoli, frullare di nuovo e mettere un po' d'olio.
3. Frullare ancora e aggiungere i formaggi grattugiati, fino a ottenere una crema omogenea.
4. Tagliare le patate a cubetti e i fagiolini a pezzetti e cuocerli in acqua salata: prima i fagiolini, poi le patate; infine aggiungere la pasta.
5. Quando è pronta, scolare e condire con il pesto aggiungendo, se necessario, un po' di acqua di cottura o un filo d'olio.

lo spicchio d'aglio *Knoblauchzehe*
il fagiolino *grüne Bohne*
lavare *waschen*
asciugare hier: *trocken tupfen*
a intermittenza *in Intervallen*
fino a *bis*
ottenere *erhalten*
omogeneo/-a *homogen*
a pezzetti *in kleine Stücke*
scolare *abgießen*
aggiungendo *indem man hinzufügt*
se *wenn, falls*
necessario/-a *nötig*
l'acqua di cottura *Kochwasser*

Passato prossimo und imperfetto

Wenn ein Ereignis als zeitlich abgeschlossen dargestellt wird, steht das Verb im **passato prossimo**. Es antwortet auf die Frage: „Was ist passiert?": **I miei nonni hanno venduto la casa.** *Meine Großeltern verkauften das Haus.*

Mit dem **imperfetto** beschreibt man dagegen die Begleitumstände und den Hintergrund eines Geschehens, das in seinem Verlauf ohne ein zeitliches Ende dargestellt wird. Es antwortet auf die Fragen: „Was war? Wie war es?": **Davanti alla casa c'era un grande giardino.** *Vor dem Haus gab es einen großen Garten.*

Im Allgemeinen verwendet man das **imperfetto** in Verbindung mit Zeitangaben wie **in passato** *früher*, **a quei tempi** *damals*, sowie mit Ausdrücken der Häufigkeit wie **di solito** *normalerweise* und solchen mit **ogni** bzw. **tutti i / tutte le**:
Ogni domenica andavamo a pranzo da loro. *Jeden Sonntag gingen wir zu ihnen zum Mittagessen.*

Gibt es hingegen Signalwörter wie **a un certo punto** *irgendwann* oder **improvvisamente** *plötzlich*, dann ist das **passato prossimo** zu verwenden:
A un certo punto i nonni si sono trasferiti a Torino. *Irgendwann zogen die Großeltern nach Turin um.*

6 **Imperfetto** oder **passato prossimo**? Lies diese Zusammenfassung des Auszuges aus der Autobiografie und ergänz die passenden Zeitformen.

In passato il protagonista ______ 1 (vivere) con i suoi genitori a Torino e ______ 2 (andare) tutte le domeniche a pranzo dai suoi nonni in Liguria. Di solito sua nonna gli ______ 3 (cucinare) il suo piatto preferito, le trofie al pesto. Lui ______ 4 (amare) tanto stare in campagna, si ______ 5 (sentire) libero e felice. Poi a un certo punto i suoi nonni ______ 6 (vendere) la casa e ______ 7 (comprare) un appartamento in città.

7 Hör dir nun die Fortsetzung an. Sind die folgenden Sätze richtig oder falsch?

hören Tr. 62

	richtig	falsch
1. Il protagonista e Davide vanno in un bar.	○	○
2. Parlano di lavoro.	○	○
3. Davide non abita più in campagna.	○	○
4. Davide vive vicino all'ufficio del protagonista.	○	○
5. Si sono visti spesso.	○	○

Die Konjunktion mentre

Die Konjunktion **mentre** *während* leitet einen Nebensatz ein. In Verbindung mit dem **imperfetto** und **passato prossimo** wird sie folgendermaßen benutzt:

Wenn mehrere Handlungen in der Vergangenheit gleichzeitig stattfinden, stehen die Verben im Haupt- und Nebensatz im **imperfetto**.	Wenn eine Handlung in der Vergangenheit noch andauert, während ein anderes Ereignis einsetzt, steht das andauernde Geschehen im **imperfetto** und die einsetzende Handlung im **passato prossimo**.
Mentre prendevano il caffè, → **io giocavo con Davide.** →	**Mentre facevo la spesa,**  **qualcuno mi ha chiamato.**

Beachte: Im Nebensatz mit **mentre** kann nur das **imperfetto** stehen!

8 Verbinde jeden Satz mit der entsprechenden Fortsetzung und setz die Verben ins **imperfetto** oder ins **passato prossimo**.

1. Mentre la nonna cucinava, • | **A** mi *(telefonare)* ______ mia mamma.

2. Mentre facevo la doccia, • | **B** *(incontrare)* ______ un vecchio amico.

3. Mentre ero a Roma per lavoro, • | **C** il nonno *(apparecchiare)* ______ la tavola.

9 hören Tr. 63

Wenn du über Gewohnheiten in der Vergangenheit sprechen oder Personen, Orte, Zustände in der Vergangenheit beschreiben möchtest, sind die folgenden Fragen und Antworten nützlich. Hör zu und sprich nach.

Com'eri da piccolo/-a? — *Wie warst du als Kind?*
Ero molto vivace. — *Ich war sehr lebhaft.*
Dove vivevi? — *Wo hast du gewohnt?*
Abitavo con i miei genitori in centro. — *Ich habe mit meinen Eltern im Zentrum gewohnt.*

Com'era la tua casa? — *Wie war dein Zuhause?*
La mia casa era piccola, ma luminosa. — *Mein Zuhause war klein, aber hell.*
Che cosa ti piaceva fare? — *Was hast du gerne gemacht?*
Mi piaceva giocare in giardino. — *Ich habe gerne im Garten gespielt.*
Cosa facevi ogni domenica? — *Was hast du jeden Sonntag gemacht?*
Andavamo a trovare i miei nonni. — *Wir haben meine Großeltern besucht.*

10 fühlen

Lass uns in die Welt deiner Kindheit eintauchen! Erzähl, wie es früher war, indem du die Fragen im **imperfetto** beantwortest. Wenn du willst, kannst du auch ein paar alte Fotos hier einkleben.

Du brauchst:

- **penne** *Stifte*
- **vecchie foto** *alte Fotos*
- **colla** *Klebstoff*

Com'eri da piccolo/-a?

Dove vivevi? Com'era la tua casa?

Cosa ti piaceva fare? Cosa facevi di solito?

Lösungen

1. Davide
3. 3. A, 2. B, 5. C, 6. D, 1. E, 4. F
4. 1. C; 2. D andavamo; 3. B era; 4. A era;
5. E prendevano, giocavo
5. 1. abitavo, abito; 2. andavo, vado; 3. ero, sono; 4. piaceva, piace
6. 1. viveva, 2. andava, 3. cucinava, 4. amava, 5. sentiva, 6. hanno venduto, 7. hanno comprato
7. richtig: 1, 3, 4; falsch: 2, 5
8. 1. C apparecchiava, 2. A ha telefonato, 3. B ho incontrato

Transkriptionen

TR. 61

Quando ero piccolo, io e i miei genitori vivevamo a Torino in un piccolo appartamento in centro. I nonni invece abitavano in campagna in Liguria. Ogni domenica andavamo a pranzo da loro. A quei tempi davanti alla casa c'era un grande giardino con tanti alberi e fiori. Ero così felice di stare nella natura! La cucina era grande, luminosa e piena di buoni odori. Mia nonna era così dolce con me e mi preparava sempre il mio piatto preferito: le trofie alla genovese, con pesto, patate e fagiolini! Dopo pranzo, mentre gli adulti prendevano il caffè in giardino, io giocavo con Davide, il figlio dei vicini.

Als ich ein Kind war, lebten meine Eltern und ich in Turin in einer kleinen Wohnung im Zentrum. Meine Großeltern lebten auf dem Land in Ligurien. Jeden Sonntag gingen wir zu ihnen zum Mittagessen. Damals gab es vor dem Haus einen großen Garten mit vielen Bäumen und Blumen. Ich war so glücklich, in der Natur zu sein! Die Küche war groß, hell und voller guter Gerüche. Meine Großmutter war so lieb zu mir und bereitete mir immer mein Lieblingsgericht: trofie alla genovese, mit Pesto, Kartoffeln und grünen Bohnen! Nach dem Mittagessen, während die Erwachsenen im Garten Kaffee tranken, spielte ich mit Davide, dem Sohn der Nachbarn.

Mi portava sempre nella sua camera: era bellissima e piena di giocattoli, un vero paradiso! Poi a un certo punto i nonni si sono trasferiti anche loro a Torino e hanno venduto la casa. Io sono cresciuto e non sono più tornato in campagna. Ma ieri mentre facevo la spesa al supermercato, qualcuno mi ha chiamato per nome... Ma chi era quel ragazzo con la voce così familiare? Davide!

Er nahm mich immer mit in sein Zimmer: Es war wunderschön und voller Spielzeug, ein wahres Paradies! Irgendwann zogen dann auch meine Großeltern nach Turin und verkauften das Haus. Ich wurde groß und kehrte nicht mehr auf Land zurück. Aber gestern, als ich im Supermarkt einkaufte, rief mich jemand beim Namen... Aber wer war der Junge mit der so vertrauten Stimme? Davide!

TR. 62

Siamo usciti dal supermercato e siamo andati a prendere un caffè insieme. Abbiamo parlato del passato e della nostra infanzia in campagna. Quanti bei ricordi! Cinque anni fa si è trasferito a Torino per lavoro e ora abita in una via vicino al mio ufficio... Incredibile, in tutti questi anni non ci siamo mai incontrati!

Wir gingen aus dem Supermarkt und gingen zusammen einen Kaffee trinken. Wir sprachen über die Vergangenheit und unsere Kindheit auf dem Land. So viele schöne Erinnerungen! Vor fünf Jahren zog er aus beruflichen Gründen nach Turin um und wohnt jetzt in einer Straße in der Nähe meines Büros ... Unglaublich, in all den Jahren haben wir uns nie getroffen!

Lektionswortschatz

quando	*als*
l'infanzia	*Kindheit*
il ricordo	*Erinnerung*
la data	*Datum*
l'adulto/-a	*Erwachsene/-r*
l'albero	*Baum*
il fiore	*Blume*
il/la vicino/-a	*Nachbar/-in*
la camera	*Zimmer*
il giocattolo	*Spielzeug*
chiamare	*rufen*
nascere	*geboren werden*
crescere	*(auf-)wachsen, groß werden*
trasferirsi	*umziehen*
laurearsi	*die Hochschule abschließen*
sposarsi	*heiraten*
a quei tempi	*damals*
in passato	*früher*
a un certo punto	*irgendwann*
improvvisamente	*plötzlich*
Torino	*Turin*
Liguria	*Ligurien*
la casa	*Haus, Zuhause*
felice	*glücklich*
pieno/-a	*voll*
dolce	hier: *lieb*
trofie (Pl.) **alla genovese**	(ital. Gericht)
il pesto	*Pesto*
il fagiolino	*grüne Bohne*
mentre	*während*
portare	hier: *mitnehmen*
il paradiso	*Paradies*
vendere	*verkaufen*
qualcuno	*jemand*
per nome	*beim Namen*
la voce	*Stimme*
familiare	*vertraut*
l'evento	*Ereignis*
diventare	*werden*
il/la professore/-essa	*Professor/-in*
vivace	*lebhaft*
ligure	*ligurisch*
le trofie (Pl.)	(Nudelsorte)
le trenette (Pl.)	(Nudelsorte)
lo spicchio d'aglio	*Knoblauchzehe*
lavare	*waschen*
asciugare	hier: *trocken tupfen*
a intermittenza	*in Intervallen*
ottenere	*erhalten*
omogeneo/-a	*homogen*
a pezzetti	*in kleine Stücke*
scolare	*abgießen*
aggiungendo	*indem man hinzufügt*
se	*wenn, falls*
neccessario/-a	*nötig*
l'acqua di cottura	*Kochwasser*
il/la protagonista	*Hauptfigur*
libero/-a	*frei*
la via	*Straße, Weg*
incontrarsi	*sich treffen*
telefonare	*telefonieren*
incontrare	*treffen*
andare a trovare	*besuchen (gehen)*

Tutti in maschera!

ALLE IM KOSTÜM!

sehen

Musik, Luftschlangen, Masken – ist das ein Traum? Nein, du bist mitten im **Carnevale di Venezia** *Karneval von Venedig*, weltberühmt für seine prunkvollen Kostüme. **La Serenissima**, wie Venedig auch genannt wird, fasziniert zu jeder Jahreszeit, besonders aber an Karneval, wenn viele Leute die traditionelle venezianische Maske tragen, die für Freiheit und Ausgelassenheit steht. Hast du auch Lust, deine Identität einmal ganz zu verbergen? Dann feiere mit!

hören
Tr. 64

la festa
Fest

festeggiare
feiern

i festeggiamenti
Feierlichkeiten

la tradizione
Tradition

la folla
Menschenmenge

lo spettacolo
Spektakel

la maschera
Maske

mascherarsi
sich verkleiden

indossare
tragen

il costume
Kostüm

la parrucca
Perücke

il carro
Wagen

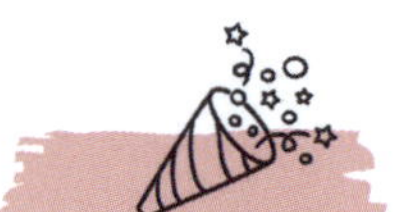

la sfilata
Festzug

le stelle filanti
Luftschlangen

i coriandoli
Konfetti

i fuochi d'artificio
Feuerwerk

il campanile
Glockenturm

lanciare
werfen

augurare
wünschen

aprire un regalo
ein Geschenk öffnen

Tr. 65

- Mi scusi, mi potrebbe aiutare? Vorrei arrivare in Piazza San Marco, ma mi sono perso... C'è tanta gente in giro, coriandoli, stelle filanti, non capisco...
- ◎ Ma come non capisce? Da oggi si festeggia, inizia il Carnevale!
- Carnevale?
- ◎ Ma non ha visto? Siamo tutti in maschera. In questi giorni non può camminare per Venezia senza un costume!
- Ma io voglio solamente visitare la Basilica di San Marco...
- ◎ Non è possibile, oggi c'è il Volo dell'Angelo.
- Volo... dell'Angelo?
- ◎ Sì, una donna si lancia dal campanile e arriva in piazza tra la folla in festa!
- Che spettacolo! E quindi? Ora cosa faccio?
- ◎ Al posto suo comprerei subito un costume e mi unirei ai festeggiamenti.
- Buon'idea! Là c'è un negozio. Mi piacerebbe indossare la tipica maschera veneziana oppure quella parrucca colorata!

LA TIPICA MASCHERA VENEZIANA

Die **Baùta** ist die venezianische Maske schlechthin. Sie kann weiß oder üppig dekoriert sein und um einen **tricorno** *Dreispitz* und einen schwarzen Mantel ergänzt werden.

1 hören Tr. 65

Hast du verstanden, worum es in dem Dialog geht? Hör ihn dir noch einmal an und kreuz an, welche Informationen richtig oder falsch sind. Nimm dann einen Bleistift und korrigier die falschen Sätze.

	richtig	falsch
1. Il signore non trova Piazza San Marco.	○	○
2. Le strade di Venezia sono piene di persone.	○	○
3. I festeggiamenti iniziano domani.	○	○
4. Il signore è vestito da carnevale.	○	○
5. Nel Volo dell'Angelo *Engelsflug* una persona si lancia *stürzt sich* da una terrazza.	○	○
6. La ragazza consiglia al signore di ballare.	○	○
7. Il signore alla fine vuole mascherarsi.	○	○

2 sehen

In Italien wird der Karneval nicht nur in Venedig gefeiert! Außergewöhnlich sind z.B. die Feierlichkeiten in Ivrea (Piemont), Viareggio (Toskana) und Acireale (Sizilien). Lies, was darüber erzählt wird, und ordne die Bilder zu.

___ **A** Il Carnevale di Ivrea è famoso per la battaglia *Schlacht* delle arance.

___ **B** A Viareggio la sfilata è molto spettacolare: i carri sono fatti con la cartapesta *Pappmaschee*.

___ **C** Ad Acireale è tradizione decorare i carri con i fiori.

3 fühlen

Du organisierst eine Kostümparty. Was brauchst du? Schreib alles auf, was dir einfällt, und zeichne dann das Kostüm, das du anziehst!

ACHTUNG: FALSCHE FREUNDE!

Die kleinen Papierstücke, die man an Karneval in die Luft wirft, heißen **coriandoli**. Nicht zu verwechseln mit den **confetti**, den Zuckermandeln, die zur Hochzeit den Gästen geschenkt werden.

la festa in maschera

PLAYLIST

Vergiss die Musik nicht! Tipp für eine Party im venezianischen Stil:
Il Carnevale di Venezia op. 10, Niccolò Paganini

Die Wiedergabe von „man"

Da oggi si festeggia! *Ab heute feiert man!* Im Satz aus dem Dialog wird die unpersönliche **si**-Konstruktion benutzt, die dem deutschen *man* entspricht. Anders als im Deutschen steht das Verb, je nach Bezugswort, in der 3. Person Singular oder Plural. Wenn es kein Bezugswort gibt, verwendet man den Singular. Lies, was man an Karneval macht:

A carnevale	si **balla**.	➡ ohne Bezugswort
	si **guarda la sfilata.**	➡ mit Bezugswort im Singular
	si **indossano i costumi.**	➡ mit Bezugswort im Plural
	ci si **maschera**.	➡ bei reflexiven Verben

Bei reflexiven Verben trifft **si** *man* auf **si** *sich*: Um diese Wiederholung zu vermeiden, wird **si** zu **ci**.

4 In Italien gibt es natürlich nicht nur Karneval, sondern auch weitere Feste und Feiertage. Kennst du ihre italienischen Bezeichnungen? Vervollständige die Sätze mit der **si**-Konstruktion und ordne die deutschen Entsprechungen zu.

1. A **Natale** *(aprire)* ______ i regali e *(festeggiare)* ______ in famiglia.
2. A **Capodanno** *(brindare)* ______ con lo spumante e *(guardare)* ______ i fuochi d'artificio.
3. A **Pasqua** *(mangiare)* ______ le uova di cioccolato.
4. Il 1° maggio *Mai*, la **Festa dei lavoratori**, non *(lavorare)* ______.

___ **A** Tag der Arbeit ___ **B** Weihnachten ___ **C** Ostern ___ **D** Silvester

5 Hör dir die Beschreibung des Silvesterabends in Italien an und kreuz die Aktivitäten an, die du hörst. Stell dir dann vor, du bist in Italien und sollst von einer Tradition deines Landes erzählen. Wie feiert man z.B. Weihnachten oder Silvester?

hören

Tr. 66

1. si porta il dolce ○
2. si mangiano le lenticchie *Linsen* ○
3. si beve il vino rosso ○
4. si indossa qualcosa di rosso *etwas Rotes* ○
5. si regala qualcosa di nuovo ○
6. si brinda a mezzanotte ○

DATUM

Zur Angabe des Datums benutzt man den bestimmten Artikel und die Grundzahl: **il sette maggio** *der siebte Mai, am siebten Mai*. Die einzige Ausnahme bildet der Erste jeden Monats, hier verwendet man die Ordnungszahl: **il primo maggio**.

In Germania... / Nel mio paese... ______

______

REZEPT

Chiacchiere al forno

KARNEVALSGEBÄCK

Schmecken

Zu Karneval ist es Brauch, bestimmte Gerichte zuzubereiten, die ausschließlich in dieser Zeit gegessen werden. Sie enthalten Eier und Fett, und genau wegen dieser kalorienreichen Zutaten nennt man den Donnerstag vor Karneval **giovedì grasso** *fetter Donnerstag* und den Dienstag danach **martedì grasso** *fetter Dienstag*. Aber es gibt auch eine fettarme Version des typischen Karnevalsgebäcks, die **chiacchiere**, die in Venedig **galani** genannt werden.

Zutaten:

250 g di farina – **1/2 cucchiaino** di lievito per dolci – **1 baccello** di vaniglia – 1 arancia – 1 uovo – **10 g** di burro – **1 cucchiaio** di zucchero a velo

1. In un recipiente mescolare la farina, il lievito, i semi del baccello di vaniglia e la scorza grattugiata dell'arancia.
2. In un altro recipiente sbattere l'uovo, aggiungere il succo dell'arancia e il burro sciolto, poi versare il tutto nel recipiente con la farina.
3. Impastare fino a ottenere una palla.
4. Dopo 15 minuti stendere l'impasto fino a 1–2 mm, ricavare dei rombi e metterli su una teglia coperta da carta da forno.
5. Cuocere per 10 minuti circa in forno preriscaldato a 180 °C, quindi sfornare le chiacchiere e coprirle di zucchero a velo.

il baccello di vaniglia *Vanilleschote*
i semi *Mark*
il succo *Saft*
sciolto/-a *zerlassen*
la palla *Kugel*
ricavare *ausschneiden*
il rombo *Rauten*
la teglia *Backblech*
coperto/-a *bedeckt*
la carta da forno *Backpapier*
preriscaldato *vorgeheizt*
sfornare *aus dem Backofen nehmen*

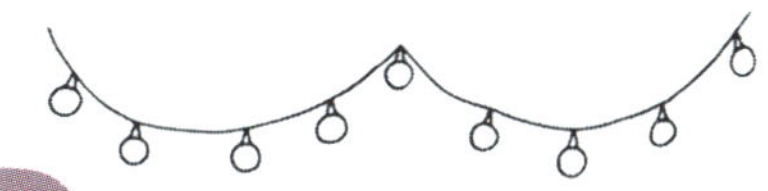

6

riechen

sehen

Zu den Feiertagen werden vor allem süße Backwaren zubereitet! Zu Karneval gibt es **chiacchiere**, zu Weihnachten fehlt nie **panettone** (kuppelförmiger Kuchen mit Rosinen und kandierten Früchten), zu Ostern isst man – zusätzlich zu den Schokoladeneiern – die **colomba** (Hefekuchen mit Mandeln in Form einer Taube). **Che buon odore** verbreitet sich in den Küchen ganz Italiens! Lies zuerst die Regel für das Adjektiv **buono** *gut* und schreib dann auf, welche guten Gerüche du normalerweise bei den Festen auf den Fotos riechst.

odore di ______________

odore di ______________

Das Adjektiv buono

Wenn **buono** vor einem männlichen Substantiv im Singular steht, enden seine Formen wie die des unbestimmten Artikels. Vor einem weiblichen Substantiv, das mit Vokal beginnt, kann **buona** apostrophiert werden, muss aber nicht.

buon profumo
buon odore
buono spumante

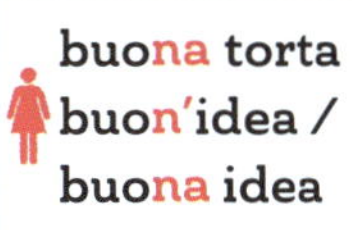

buona torta
buon'idea / buona idea

7

Das Adjektiv **buono** wird oft für Glückwünsche benutzt. Verbinde folgende Glückwünsche mit den entsprechenden Ereignissen oder Daten.

1. Buon Natale!
2. Buon anno nuovo!
3. Buona Pasqua!
4. Buon compleanno!
5. Buon viaggio!

A am Ende des Jahres
B wenn jemand Geburtstag hat
C am 25. Dezember
D wenn jemand abreist
E zu Ostern

8

hören

Tr. 67

Du hast schon einen Monat auf Italienisch gelernt: **maggio**. Markier die weiteren elf im Wortgitter und hör dir dann einen sehr berühmten italienischen Kinderreim über die Monate an.

N	V	O	E	M	U	A	F	B	F	N
O	B	E	A	N	O	P	G	A	E	D
V	O	T	T	O	B	R	E	G	B	I
E	N	I	M	F	E	I	N	O	B	C
M	A	R	Z	O	T	L	N	S	R	E
B	C	Z	T	F	P	E	A	T	A	M
R	T	C	L	U	G	L	I	O	I	B
E	O	G	I	U	G	N	O	K	O	R
S	E	T	T	E	M	B	R	E	P	E

Der condizionale presente

Mi potrebbe aiutare... *Könnten Sie mir helfen ...* **Al posto suo comprerei...** *An Ihrer Stelle würde ich ... kaufen* **Mi piacerebbe...** *Ich würde gern ...* Diese Sätze aus dem Dialog enthalten eine neue Verbform: den **condizionale presente**. Er wird verwendet, um Wünsche, Ratschläge, Vorschläge, Bitten und Vermutungen auszudrücken. Hier die Formen:

	-are	-ere	-ire	essere
io	**aiuterei**	**prenderei**	**partirei**	**sarei**
tu	**aiuteresti**	**prenderesti**	**partiresti**	**saresti**
lui/lei/Lei	**aiuterebbe**	**prenderebbe**	**partirebbe**	**sarebbe**
noi	**aiuteremmo**	**prenderemmo**	**partiremmo**	**saremmo**
voi	**aiutereste**	**prendereste**	**partireste**	**sareste**
loro	**aiuterebbero**	**prenderebbero**	**partirebbero**	**sarebbero**

Bei den Verben auf **-care** und **-gare** wird vor der Endung ein **-h-** eingefügt:
cercare ➡ **cercherei**.
Häufig gebrauchte Verben mit unregelmäßigen Formen:
- **andare** ➡ **andrei**, **avere** ➡ **avrei**, **dovere** ➡ **dovrei**, **potere** ➡ **potrei**;
- **bere** ➡ **berrei**, **venire** ➡ **verrei**, **volere** ➡ **vorrei**;
- **fare** ➡ **farei**, **stare** ➡ **starei**.

9 Vervollständige die Sätze mit dem **condizionale presente** und schreib daneben, ob es sich um einen Wunsch, Rat, Vorschlag, eine Bitte oder Vermutung handelt.

1. *(tu -venire)* ________ con me alla sfilata dei carri? ________
2. Sei troppo alto, al tuo posto *(comprare)* ________ un nuovo costume. ________
3. Mamma, papà, *(potere)* ________ portarmi alla festa in maschera? ________
4. Mio fratello *(volere)* ________ mascherarsi da cuoco. ________
5. I fuochi d'artificio *(dovere)* ________ iniziare a mezzanotte. ________

10 Du willst mit deinen italienischen Freundinnen und Freunden über Feste und Traditionen sprechen? Die folgenden Ausdrücke helfen dir. Hör sie dir an und lies sie laut vor.

hören

Tr. 68

Come si festeggia il Natale in Italia? *Wie feiert man Weihnachten in Italien?*
La mattina di Natale si aprono i regali. *Am Weihnachtsmorgen öffnet man die Geschenke.*

A Capodanno è tradizione mangiare le lenticchie, simbolo di ricchezza e fortuna. *An Silvester ist es Tradition, Linsen zu essen, Symbol für Reichtum und Glück.*
A mezzanotte si brinda con lo spumante. *Um Mitternacht stößt man mit Sekt an.*
A carnevale si lanciano i coriandoli. *Im Karneval wirft man Konfetti.*
Da cosa ti mascheri a carnevale? *Als was verkleidest du dich an Karneval?*

11

fühlen

La scatola dei desideri! *Die Wunschbox!* Bau eine kleine Pappschachtel nach der Vorlage, auf die du **Non oggi, ma forse un giorno** (*Nicht heute, aber vielleicht eines Tages*) schreibst. Nimm dann ein paar kleine Zettel, auf denen du Wünsche oder Vorschläge auf Italienisch aufschreibst, die du innerhalb eines Jahres (oder wann du willst) verwirklichen möchtest. Verwende dabei den **condizionale** (zwei Beispiele findest du weiter unten). Falte die Zettel zusammen und leg sie in die Schachtel. Dann versteck die Schachtel und mach sie in einem Jahr (oder wann du willst) wieder auf. Welche Wünsche hast du verwirklicht? Welche musst du noch realisieren?

Du brauchst:

- **cartoncino** *Pappe*
- **carta** *Papier*
- **forbici** *Schere*
- **colla** *Klebstoff*
- **penne** *Stifte*

Mi piacerebbe andare al Carnevale di Venezia.

Vorrei imparare una nuova lingua.

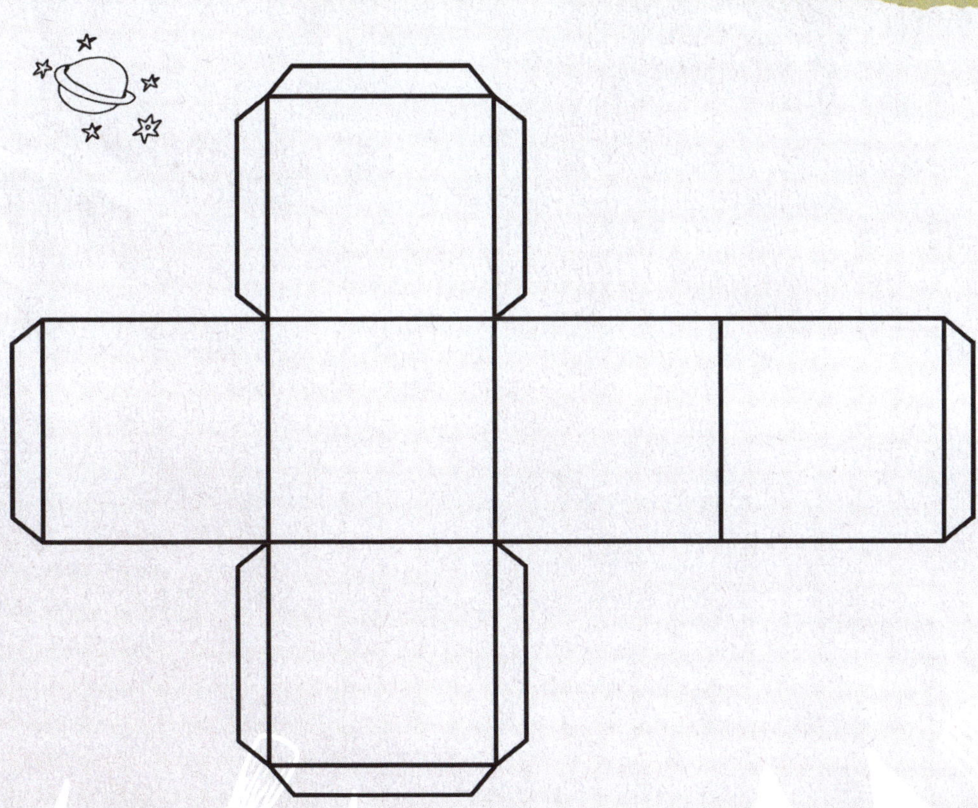

Lösungen

1. richtig: 1, 2, 7; falsch: 3 I festeggiamenti iniziano oggi, 4 Il signore non è vestito da carnevale, 5 Nel Volo dell'Angelo una persona si lancia dal campanile, 6 La ragazza consiglia al signore di comprare un costume.
2. 1. C, 2. A, 3. B
4. 1. B si aprono, si festeggia; 2. D si brinda, si guardano; 3. C si mangiano; 4. A si lavora
5. 2, 4, 6
7. 1. C, 2. A, 3. E, 4. B, 5. D
8. *waagerecht:* ottobre, marzo, luglio, giugno, settembre; *senkrecht:* novembre, aprile, gennaio, agosto, febbraio, dicembre
9. 1. Verresti (Vorschlag), 2. comprerei (Rat), 3. potreste (Bitte), 4. vorrebbe (Wunsch), 5. dovrebbero (Vermutung)

Transkriptionen

TR. 65

• Mi scusi, mi potrebbe aiutare? Vorrei arrivare in Piazza San Marco, ma mi sono perso... C'è tanta gente in giro, coriandoli, stelle filanti, non capisco...	*Entschuldigen Sie, könnten Sie mir helfen? Ich würde gerne zum Markusplatz gehen, aber ich habe mich verlaufen ... Es sind so viele Leute unterwegs, Konfetti, Luftschlangen, ich verstehe nicht ...*
• Ma come non capisce? Da oggi si festeggia, inizia il Carnevale!	*Wie verstehen Sie nicht? Ab heute feiert man, der Karneval beginnt!*
• Carnevale?	*Karneval?*
• Ma non ha visto? Siamo tutti in maschera. In questi giorni non può camminare per Venezia senza un costume!	*Haben Sie nicht gesehen? Wir sind alle im Kostüm. In diesen Tagen kann man in Venedig ohne Kostüm nicht herumlaufen!*
• Ma io voglio solamente visitare la Basilica di San Marco...	*Aber ich möchte nur den Markusdom besuchen ...*
• Non è possibile, oggi c'è il Volo dell'Angelo.	*Das ist nicht möglich, heute gibt es den Engelsflug.*
• Volo... dell'Angelo?	*Flug ... des Engels?*
• Sì, una donna si lancia dal campanile e arriva in piazza tra la folla in festa!	*Ja, eine Frau stürzt sich vom Glockenturm und kommt inmitten der feiernden Menschenmenge auf dem Platz an!*
• Che spettacolo! E quindi? Ora cosa faccio?	*Was für ein Spektakel! Und nun? Was soll ich jetzt tun?*
• Al posto suo comprerei subito un costume e mi unirei ai festeggiamenti.	*An Ihrer Stelle würde ich sofort ein Kostüm kaufen und an den Feierlichkeiten teilnehmen.*
• Buon'idea! Là c'è un negozio. Mi piacerebbe indossare la tipica maschera veneziana oppure quella parrucca colorata!	*Gute Idee! Da ist ein Laden. Ich würde gerne die typische venezianische Maske oder die bunte Perücke da tragen!*

TR. 66

A Capodanno di solito si festeggia con gli amici. Per la cena si preparano tanti piatti diversi, ma come secondo tutti devono mangiare le lenticchie, simbolo di ricchezza e fortuna! È tradizione indossare qualcosa di rosso e nuovo e poi brindare a mezzanotte per augurare a tutti... buon anno nuovo!	*Am Silvesterabend feiert man normalerweise mit Freunden. Zum Abendessen bereitet man viele verschiedene Gerichte zu, aber als Hauptgericht müssen alle Linsen essen, Symbol für Reichtum und Glück! Es ist Tradition, etwas Rotes und Neues zu tragen und dann um Mitternacht anzustoßen, um allen ... ein gutes neues Jahr zu wünschen!*

TR. 67

Trenta giorni ha novembre, con aprile, giugno e settembre; di ventotto ce n'è uno, tutti gli altri ne han trentuno!	*Dreißig Tage hat der November, mit April, Juni und September, mit achtundzwanzig (Tagen) gibt es einen, alle anderen haben einunddreißig!*

Lektionswortschatz

la maschera	*Maske, Kostüm*
il carnevale	*Karneval*
Venezia	*Venedig*
la Serenissima	(Beiname Venedigs)
la festa	*Fest*
festeggiare	*feiern*
il festeggiamento	*Feierlichkeit*
la tradizione	*Tradition*
la folla	*Menschenmenge*
lo spettacolo	*Spektakel*
mascherarsi	*sich verkleiden*
indossare	*anziehen*
il costume	*Kostüm*
la parrucca	*Perücke*
il carro	*Wagen*
la sfilata	*Festzug*
le stelle filanti (Pl.)	*Luftschlangen*
i coriandoli (Pl.)	*Konfetti*
i fuochi d'artificio (Pl.)	*Feuerwerk*
il campanile	*Glockenturm*
lanciare	*werfen*
augurare	*(Glück) wünschen*
aprire	*öffnen*
il regalo	*Geschenk*
perdersi	*sich verlaufen, sich verfahren*
la piazza	*Platz*
la gente (Sg.)	*Leute*
in giro	*unterwegs*
si (+ Verb in der 3. Person)	*man*
camminare	*laufen*
solamente	*nur*
la Basilica di San Marco	*Markusdom*
il Volo dell 'Angelo	*Engelsflug*
lanciarsi	*sich stürzen*
possibile	*möglich*
la donna	*Frau*
quindi	*dann, also, nun*
al posto suo	*an Ihrer Stelle*
unirsi	*sich anschließen, teilnehmen*
là	*dort, da*
veneziano/-a	*venezianisch*
colorato/-a	*bunt*
la Baùta	(ital. Karnevalsmaske)
il tricorno	*Dreispitz*
la battaglia	*Schlacht*
spettacolare	*überwältigend*
la cartapesta	*Pappmaschee*
il confetto	*Zuckermandel*
il Natale	*Weihnachten*
il Capodanno	*Silvester*
la Pasqua	*Ostern*
il maggio	*Mai*
la Festa dei lavoratori	*Tag der Arbeit*
le lenticchie (Pl.)	*Linsen*
qualcosa di rosso	*etwas Rotes*
qualcosa di nuovo	*etwas Neues*
diverso/-a	*verschieden*
il simbolo	*Symbol*
la ricchezza	*Reichtum*
la fortuna	*Glück*
Buon anno nuovo!	*Gutes neues Jahr!*
le chiacchiere (Pl.), **i galani** (Pl.)	(ital. Karnevalsgebäck)
il baccello di vaniglia	*Vanilleschote*
i semi (Pl.)	*Mark*
il succo	*Saft*
sciolto/-a	*zerlassen*
la palla	*Kugel*
ricavare	*ausschneiden*
il rombo	*Raute*
la teglia	*Backblech*
coperto/-a	*bedeckt*
la carta da forno	*Backpapier*
preriscaldato/-a	*vorgeheizt*
sfornare	*auf dem Backofen nehmen*
il panettone	(ital. Weihnachtskuchen)
la colomba	(ital. Osterkuchen)
Buon Natale!	*Frohe Weihnachten!*
Buona Pasqua!	*Frohe Ostern!*
Buon compleanno!	*Alles Gute zum Geburtstag!*
Buon viaggio!	*Gute Reise!*
il gennaio	*Januar*
il febbraio	*Februar*
il marzo	*März*
l'aprile	*April*
il giugno	*Juni*
il luglio	*Juli*
l'agosto	*August*
il settembre	*September*
l'ottobre	*Oktober*
il novembre	*November*
il dicembre	*Dezember*
un giorno	*eines Tages*

Rilassati

ENTSPANN DICH

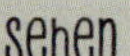

Kennst du autogenes Training, eine Entspannungsmethode, bei der nach und nach Körperteile **pesanti e completamente rilassati** *schwer und völlig entspannt* werden? Probier es mal! Schau und hör dir zuerst die Bilder und Wörter auf dieser Seite an. Schließ dann das Buch, finde eine bequeme Position – auf dem Rücken liegend oder auf einem Sessel – und hör dir Tr. 70 an. Schließ die Augen und konzentrier dich nur auf deinen **respiro** *Atem* und auf die Anweisungen.

hören

Tr. 69

il corpo
Körper

il naso
Nase

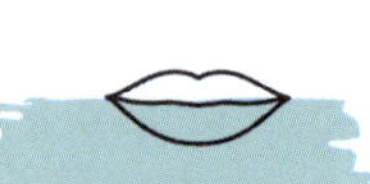

la bocca
Mund

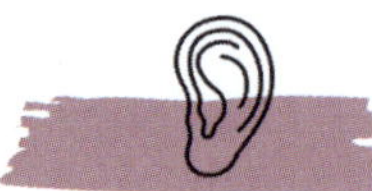

l'orecchio
Ohr

la testa
Kopf

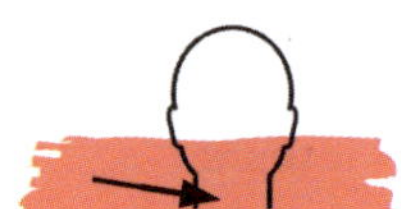

il collo
Hals

la mano
Hand

il dito
Finger

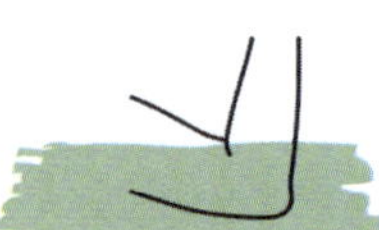

il braccio
Arm

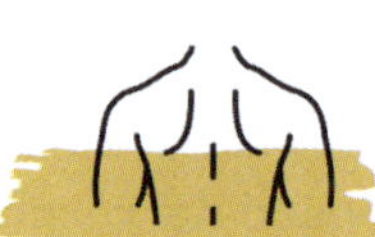

la schiena
Rücken

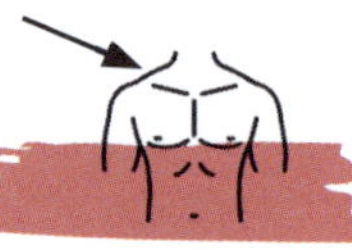

la spalla
Schulter

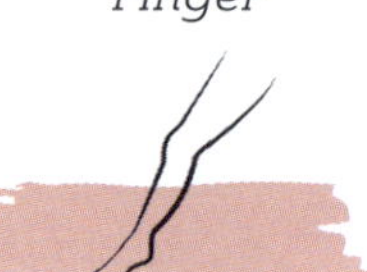

la gamba
Bein

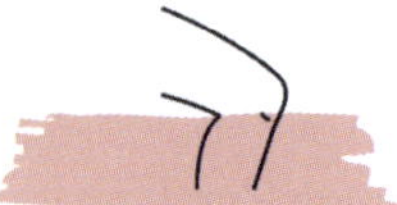

il ginocchio
Knie

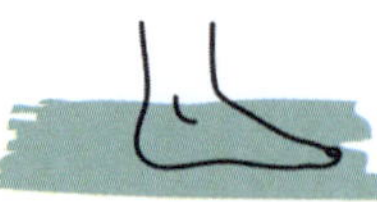

il piede
Fuß

il muscolo
Muskel

l'olfatto
Geruchssinn

l'udito
Hörsinn

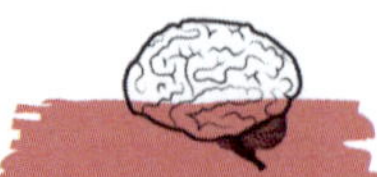

pensare
denken

muoversi
sich bewegen

divertirsi
sich vergnügen

Tr. 70

Chiudi gli occhi e rilassati.
Non pensare a nulla.
Concentrati solo sul tuo respiro.
Il tuo respiro è calmo e regolare.
Ora concentrati sulla tua testa.
La tua testa è pesante e completamente rilassata.
Respira e rilassati.
Ora concentrati sulle tue spalle.
Le tue spalle sono pesanti e completamente rilassate.
Respira e rilassati.
Ora concentrati sulle tue braccia.
Le tue braccia sono pesanti e completamente rilassate.
Respira e rilassati.
Ora concentrati sulla tua schiena.
La tua schiena è pesante e completamente rilassata.
Respira e rilassati.
Ora concentrati sulle tue gambe.
Le tue gambe sono pesanti e completamente rilassate.
Respira e rilassati.
Ora tutti i muscoli del tuo corpo sono completamente rilassati.
Respira e rilassati.
Non muoverti.
Adesso apri gli occhi e alzati lentamente.

fühlen

Wenn du das liest, bedeutet das, dass du während der Entspannungsübung nicht eingeschlafen bist! Auf jedem Fall bist du jetzt völlig entspannt und kannst die nächsten Aufgaben anpacken. Die Wiederholung dient nicht nur der Entspannung, sondern auch dem Lernen! **Quali parti del corpo usi per...?** *Welche Körperteile benutzt du, um zu ...?* Ergänz die Sätze und **tocca** *berühr* dann die Körperteile, die du aufgeschrieben hast.

1. Per ascoltare, uso le ______.
2. Per parlare, devo aprire la ______.
3. Per camminare, muovo le ______.
4. Per vedere, devo aprire bene gli ______.
5. Per respirare, uso il ______.
6. Per pensare, uso la ______.
7. Per toccare, uso la ______.

BEACHTE

Einige Körperteile haben unregelmäßige Pluralendungen und ändern das Geschlecht; sie sind im Singular männlich und im Plural weiblich:
il braccio – le braccia
il dito – le dita
il ginocchio – le ginocchia
l'orecchio – le orecchie
Außerdem unregelmäßig:
la mano – le mani.

hören
Tr. 71
sehen

2 Nun zu anderen Aktivitäten für dein Wohlbefinden! **Le posizioni dello yoga** *die Yoga-Stellungen*. Hör dir die Anweisungen an und finde heraus, welche zwei Positionen beschrieben werden. Wenn du Lust hast, mach mit!

A

B

C

D

3 Ergänz nun die Anweisungen mit den fehlenden Wörtern. Wenn du willst, kannst du sie noch einmal hören.

1. Sei in piedi. Le ______________ scendono *sinken* verso il basso *nach unten* fino a ______________ i piedi con le dita delle mani. Puoi piegare *beugen* le ______________.
2. Sei in ginocchio. Ora siediti sui piedi. Tocca con la ______________ il pavimento, rilassa le spalle e porta le ______________ lungo *entlang* il corpo.

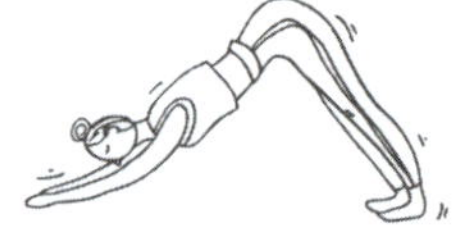

Such im Internet nach Yoga-Videos auf Italienisch. Suchwörter: „yoga" und „italiano". Jetzt, wo du die Körperteile kennst, und mit Hilfe der Bilder kannst du sicher auf Italienisch Yoga praktizieren!

4 In einem Buch, das die **sensi** *Sinne* im Titel trägt, darf man natürlich auch nicht vergessen, wie diese auf Italienisch heißen! Ordne sie den Bildern zu.

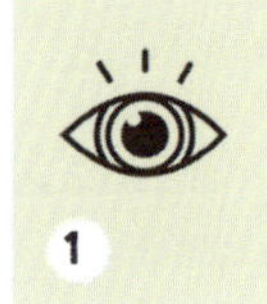
1

2

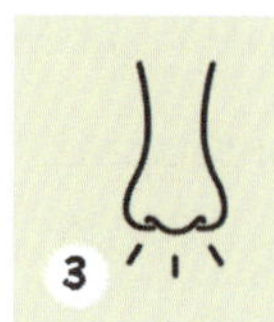
3

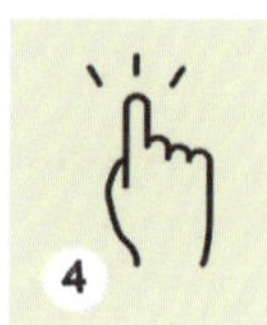
4

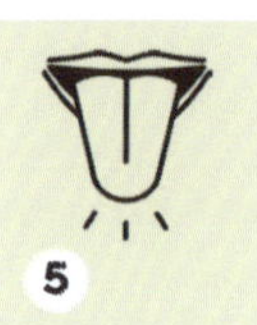
5

___ **A** tatto
___ **B** gusto
___ **C** vista
___ **D** udito
___ **E** olfatto

5 Alle Sinne auf einmal! Welchen Sinn verwendest du bei diesen beruhigenden Aktivitäten?

sehen
hören
schmecken
fühlen
riechen

1. Accendere *anzünden* un incenso. ____
2. Ascoltare una musica rilassante. ____
3. Mettere i piedi nell'acqua calda. ____
4. Guardare un paesaggio *Landschaft*. ____
5. Bere un tè caldo. ____

DIE VERBEN DER SINNE

vista	**vedere** *sehen* **guardare** *sehen*
udito	**sentire** *hören* **ascoltare** *hören*
gusto	**sapere di** *schmecken nach* **assaggiare** *kosten*
tatto	**toccare** *berühren* **sentire** *fühlen*
olfatto	**sentire** *riechen* **profumare di** *duften nach*

Der Imperativ: Du-Form

Bei Anweisungen sowie bei Befehlen und Aufforderungen wird der Imperativ verwendet. Hier die Formen:

	bejahter Imperativ	verneinter Imperativ
-are	**Pensa!**	**Non pensare!**
-ere	**Chiudi!**	**Non chiudere!**
-ire	**Senti!**	**Non sentire!**

Wenn ein Verb auf **-ire** die Stammerweiterung **-isc-** aufweist, dann ist diese auch im Imperativ zu finden: **finire** ➡ **finisci!**

Bei den Verben auf **-ere** und **-ire** sind die Formen mit dem Präsens identisch, ebenso bei den meisten Verben, die ein unregelmäßiges Präsens haben, wie z.B.
venire ➡ **vieni! bere** ➡ **bevi!**
Der verneinte Imperativ wird mit **non** + Infinitiv gebildet:
Non lavorare troppo! *Arbeite nicht zu viel!*
Einige Verben bilden den bejahten Imperativ unregelmäßig, wie:
essere ➡ **sii! avere** ➡ **abbi!**
andare ➡ **vai! / va'! fare** ➡ **fai! / fa'! stare** ➡ **stai! / sta'!**

6 Um gesund zu leben, sollte man sich bewegen und sich selbst verwöhnen. Schaffst du das? Ergänz zuerst die Sätze mit dem bejahten oder verneinten Imperativ und befolg dann in den kommenden Wochen diese „Anweisungen"!

1. *(camminare)* ____________ almeno trenta minuti al giorno.
2. *(prendere)* ____________ sempre la macchina quando esci.
3. *(fare)* ____________ regolarmente sport.
4. *(bere)* ____________ troppi caffè.
5. *(dormire)* ____________ almeno otto ore a notte.

REZEPT

Fave e cicoria

SAUBOHNEN UND ZICHORIEN

Schmecken

Da eine gesunde Lebensweise eine gesunde Ernährung voraussetzt, also eine Ernährung, die reich an Obst, Gemüse, Getreide und Hülsenfrüchten ist, wollen wir ein veganes Gericht zubereiten, in dem die wilde, bittere Zichorie sehr gut zur Süße der Saubohnen passt! **Fave e cicoria** ist ein traditionelles Gericht aus Apulien, dem Absatz des italienischen Stiefels.

Zutaten:
400 g di fave secche decorticate - **500 g** di cicoria - **2 foglie** di alloro - olio extravergine di oliva - sale

1. Lasciare le fave in ammollo per almeno sei ore, poi scolarle, lavarle e metterle in una pentola larga con le foglie di alloro.
2. Coprire completamente con acqua fredda e cuocere per circa un'ora, fino a quando le fave non si sfaldano.
3. A fine cottura salare.
4. Intanto lavare la cicoria, lessarla in acqua bollente salata per 5 minuti e scolare.
5. In ogni piatto mettere da una parte le fave e dall'altra la cicoria, infine condire con un po' di olio extravergine di oliva.

secco/-a *getrocknet*
decorticato/-a *geschält*
lasciare in ammollo *einweichen*
sfaldarsi *zu Mus werden*
la cottura *Garzeit*
intanto *in der Zwischenzeit*
lessare *garen*
la parte *die Seite*

TIPP:
Wenn du keine Zichorien finden kannst, nimm einfach Mangold oder Chicorée als Alternative.

fühlen

Bei Wellness-Aktivitäten kommen wir mit unserem Körper in Kontakt. Einer der am meisten stimulierten Sinne ist dabei der Tastsinn. Tu das, was hier beschrieben ist, und schreib daneben, wie es sich anfühlt. Achte auch auf die Endung.

1. Tocca una maglia di lana, com'è? ________
2. Sdraiati *leg dich* su un pavimento, com'è? ________
3. Tocca la corteccia *Rinde* di un albero, com'è? ________
4. Metti la mano sotto la doccia. Com'è l'acqua? ________
5. Tocca un libro, com'è? ________

- solido/-a *fest*
- ruvido/-a *rau*
- liquido/-a *flüssig*
- morbido/-a *weich*
- duro/-a *hart*

Die Stellung der Pronomen beim Imperativ

Und was passiert, wenn ein direktes, indirektes oder reflexives Pronomen auf einen Imperativ trifft? Wie du bei der Entspannungsübung gesehen hast, wird das Pronomen beim bejahten Imperativ an das Verb angehängt:
Concentrati! *Konzentrier dich!* **Ascoltami!** *Hör mir zu!*
Beim verneinten Imperativ kann das Pronomen vorangestellt oder an den um **-e** gekürzten Infinitiv angehängt werden:
Non ti muovere! oder **Non muoverti!** *Beweg dich nicht!*
Non lo fare! oder **Non farlo!** *Tu es nicht!*

sehen

Schreib nun Aufforderungen, indem du die Verben in den Imperativ setzt. Manchmal gibt es zwei Möglichkeiten.

1. *(riposarsi)* ________!

2. *(divertirsi)* ________!

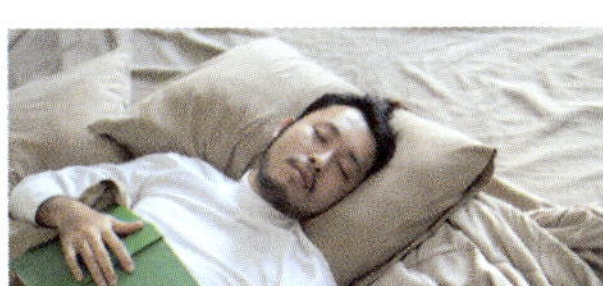

3. *(svegliarsi)* ________!

4. Non *(mangiare - lo)* ________!

5. *(chiudere - la)* ________!

6. Non *(toccare - lo)* ________!

9 fühlen

Was machst du oder was würdest du gern machen, damit du entspannst und fit bleibst und dich wohlfühlst? Wähl zu dir passende Aktivitäten aus und ergänz weitere.

passeggiare nella natura
in der Natur spazieren gehen

______
______

meditare
meditieren

______
______

il benessere
Wohlbefinden

______
______

piantare un albero
einen Baum pflanzen

______
______

fare esercizi di respirazione
Atemübungen machen

10 hören Tr. 72

Manchmal geht etwas schief und es treten gesundheitliche Probleme auf. Hör, welche Probleme die Personen haben, und wähl die passenden Antworten aus.

___ **A** Prendi una pastiglia *Tablette* e vai a letto.
___ **B** Hai provato a fare un po' di yoga?
___ **C** Ma è normale! Oggi però riposati.
___ **D** Prendi questo sciroppo *Saft*.

Gesundheitsprobleme

Schmerzen haben, wehtun wird im Italienischen so wiedergegeben:

- **fa / fanno male** + Körperteil im Singular bzw. Plural. Vor dem Körperteil steht der bestimmte Artikel. **Mi fa male la mano.** *Mir tut die/meine Hand weh.* **Mi fanno male gli occhi.** *Mir tun die/ meine Augen weh.*
- **avere mal di** + Körperteil im Singular (ohne den bestimmten Artikel): **Ho mal di gola.** *Ich habe Halsschmerzen.*

11 hören Tr. 73

Für eine gesunde Lebensweise braucht es gar nicht viel. Hör die Sätze und sprich sie nach. Stell dabei eine Verbindung zu dir her: Was beherzigst du schon, was (noch) nicht?

Mangia frutta e verdura ogni giorno.	*Iss jeden Tag Obst und Gemüse.*
Bevi molta acqua.	*Trink viel Wasser.*
Fai sempre una sana colazione.	*Nimm immer ein gesundes Frühstück zu dir.*
Vai al lavoro o a scuola a piedi.	*Geh zu Fuß zur Arbeit oder zur Schule.*
Cammina almeno 30 minuti al giorno.	*Lauf mindestens 30 Minuten pro Tag.*
Fai regolarmente sport.	*Mach regelmäßig Sport.*
Dormi almeno 8 ore a notte.	*Schlaf mindestens acht Stunden pro Nacht.*
Cerca di ridurre lo stress e rilassati.	*Versuch, Stress zu reduzieren und entspann dich.*

fühlen

Die Zichorie, die im Rezept vorkommt, findet man fast überall in Europa auch als Wildpflanze. Geh also bei deinem nächsten Spaziergang in der Natur auf die Suche nach Pflanzen und Wildblumen! Hier kannst du ein Mini-Herbarium mit den gefundenen Pflanzen und Blumen anlegen. Kleb sie, nachdem du sie zwischen zwei Blättern Papier unter einem dicken Buch getrocknet hast, hier oder in einem Heft ein. Notier auf einer Karte Fundort, Datum, den Namen der Pflanze oder Blume auf Italienisch, den wissenschaftlichen Namen und, wenn du möchtest, ein kleines Andenken an den Fund. Dies ist ein Moment, um nach einem Ausflug in den Wald oder einem Spaziergang auf einer Wiese innezuhalten und dich mit allen Sinnen auf die erlebte Natur und die Sprache einzulassen.

Lösungen

1. 1. orecchie, 2. bocca, 3. gambe, 4. occhi, 5. naso, 6. testa, 7. mano
2. 1 D, 2 C
3. 1. spalle, toccare, ginocchia; 2. testa, braccia
4. 1. C, 2. D, 3. E, 4. A, 5. B
5. 1. olfatto, 2. udito, 3. tatto, 4. vista, 5. gusto
6. 1. Cammina, 2. Non prendere, 3. Fai / Fa', 4. Non bere, 5. Dormi
7. 1. morbida, 2. duro, 3. ruvida, 4. liquida, 5. solido
8. 1. Riposati, 2. Divertiti, 3. Svegliati, 4. Non lo mangiare / Non mangiarlo, 5. Chiudila, 6. Non lo toccare / Non toccarlo
10. 1. D, 2. C, 3. B, 4. A

Transkriptionen

TR.70

Chiudi gli occhi e rilassati.	*Schließ die Augen und entspann dich.*
Non pensare a nulla.	*Denk an nichts.*
Concentrati solo sul tuo respiro.	*Konzentrier dich nur auf deinen Atem.*
Il tuo respiro è calmo e regolare.	*Dein Atem ist ruhig und regelmäßig.*
Ora concentrati sulla tua testa.	*Konzentrier dich jetzt auf deinen Kopf.*
La tua testa è pesante e completamente rilassata.	*Dein Kopf ist schwer und völlig entspannt.*
Respira e rilassati.	*Atme ein und entspann dich.*
Ora concentrati sulle tue spalle.	*Konzentrier dich jetzt auf deine Schultern.*
Le tue spalle sono pesanti e completamente rilassate.	*Deine Schultern sind schwer und völlig entspannt.*
Respira e rilassati.	*Atme ein und entspann dich.*
Ora concentrati sulle tue braccia.	*Konzentrier dich jetzt auf deine Arme.*
Le tue braccia sono pesanti e completamente rilassate.	*Deine Arme sind schwer und völlig entspannt.*
Respira e rilassati.	*Atme ein und entspann dich.*
Ora concentrati sulla tua schiena.	*Konzentrier dich jetzt auf deinen Rücken.*
La tua schiena è pesante e completamente rilassata.	*Dein Rücken ist schwer und völlig entspannt.*
Respira e rilassati.	*Atme ein und entspann dich.*
Ora concentrati sulle tue gambe.	*Konzentrier dich jetzt auf deine Beine.*
Le tue gambe sono pesanti e completamente rilassate.	*Deine Beine sind schwer und völlig entspannt.*
Respira e rilassati.	*Atme ein und entspann dich.*
Ora tutti i muscoli del tuo corpo sono completamente rilassati.	*Jetzt sind alle Muskeln deines Körpers völlig entspannt.*
Respira e rilassati.	*Atme ein und entspann dich.*
Non muoverti.	*Beweg dich nicht.*
Adesso apri gli occhi e alzati lentamente.	*Jetzt öffne deine Augen und steh langsam auf.*

TR.71

Sei in piedi. Le spalle scendono verso il basso fino a toccare i piedi con le dita delle mani. Puoi piegare le ginocchia.	*Du stehst. Die Schultern sinken nach unten, bis die Finger die Füße berühren. Du kannst (dabei) deine Knie beugen.*
Sei in ginocchio. Ora siediti sui piedi. Tocca con la testa il pavimento, rilassa le spalle e porta le braccia lungo il corpo.	*Du kniest. Setz dich jetzt auf deine Füße. Berühr mit dem Kopf den Boden, entspann die Schultern und führ die Arme am Körper entlang.*

TR.72

• Mi fa male la gola... non posso parlare...	*Mir tut der Hals weh ... ich kann nicht sprechen ...*
• Ieri ho fatto trekking e oggi ho male ai muscoli.	*Gestern bin ich gewandert und heute tun mir die Muskeln weh.*

- Ho spesso mal di schiena, che cosa posso fare? — *Ich habe oft Rückenschmerzen, was kann ich tun?*
- Sono stata tutto il giorno davanti al computer e ora ho mal di testa. — *Ich habe den ganzen Tag vor dem Computer gesessen und jetzt habe ich Kopfschmerzen.*

Lektionswortschatz

completamente	*völlig*
rilassato/-a	*entspannt*
il respiro	*Atem*
il corpo	*Körper*
il naso	*Nase*
la bocca	*Mund*
l'orecchio (Pl. **le orecchie**)	*Ohr*
la testa	*Kopf*
il collo	*Hals, Nacken*
la mano (Pl. **le mani**)	*Hand*
il dito (Pl. **le dita**)	*Finger*
il braccio (Pl. **le braccia**)	*Arm*
la schiena	*Rücken*
la spalla	*Schulter*
la gamba	*Bein*
il ginocchio (Pl. **le ginocchia**)	*Knie*
il piede	*Fuß*
il muscolo	*Muskel*
l'udito	*Hörsinn*
l'olfatto	*Geruchssinn*
pensare	*denken*
muoversi	*sich bewegen*
divertirsi	*sich vergnügen*
nulla	*nichts*
concentrarsi	*sich konzentrieren*
calmo/-a	*ruhig*
regolare	*regelmäßig*
la parte del corpo	*Körperteil*
usare	*benutzen*
toccare	*berühren*
ascoltare	*(zu)hören*
muovere	*bewegen*
la posizione	*Stellung, Position*
essere in piedi	*stehen*
scendere	hier: *sinken*
verso il basso	*nach unten*
piegare	*beugen*
essere in ginocchio	*knien*
lungo	*entlang*
il senso	*Sinn*
il tatto	*Tastsinn*
il gusto	*Geschmackssinn*
la vista	*Sehsinn*
accendere	*anzünden*
rilassante	*entspannend*
il paesaggio	*Landschaft*
sentire	*hören, fühlen, riechen*
sapere di	*schmecken nach*
assaggiare	*kosten, probieren*
profumare di	*duften nach*
la fava	*Saubohne*
la cicoria	*Zichorie*
secco/-a	*getrocknet*
decorticato/-a	*geschält*
lasciare in ammollo	*einweichen*
sfaldarsi	*zu Mus werden*
la cottura	*Garzeit*
intanto	*in der Zwischenzeit*
lessare	*garen*
la parte	*Seite*
mettersi sdraiato	*sich (hin)legen*
la corteccia	*Rinde*
solido/-a	*fest*
ruvido/-a	*rau*
liquido/-a	*flüssig*
morbido/-a	*weich*
duro/-a	*hart*
meditare	*meditieren*
il benessere	*Wohlbefinden*
piantare	*pflanzen*
l'esercizio di respirazione	*Atemübung*
la pastiglia	*Tablette*
lo sciroppo	*Saft, Hustensaft*
fare male	*weh tun*
avere mal di (+ Körperteil)	*...schmerzen haben*
la gola	*Hals*
sano/-a	*gesund*
cercare	hier: *versuchen*
ridurre	*reduzieren*
lo stress	*Stress*

Progetti per il futuro

ZUKUNFTSPLÄNE

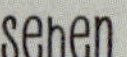

sehen

Jetzt wechseln wir die Szenerie komplett. Du wirst bald in den kalten Winter der Dolomiten katapultiert. Du wirst ein Zimmer mit Blick auf den verschneiten Wald in einem umweltfreundlichen Hotel buchen. Dort wirst du ein Wochenende verbringen und mit Schneeschuhen im Schnee wandern. Reisen und genießen, aber nachhaltig. Ganz gut als **progetto per il futuro**, oder?

hören
Tr. 74

ecologico/-a
umweltfreundlich

sostenibile
nachhaltig

l'energia
Energie

la fonte rinnovabile
erneuerbare Quelle

il pannello solare
Solarpanel

il materiale
Material

biologico/-a
biologisch

l'orto
Gemüsegarten

la foresta
Wald

prenotare
buchen

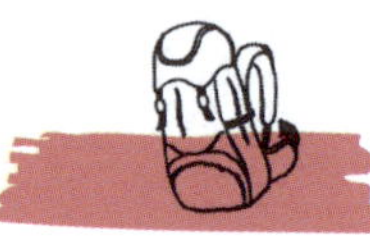

l'escursione
Ausflug, Wanderung

la neve
Schnee

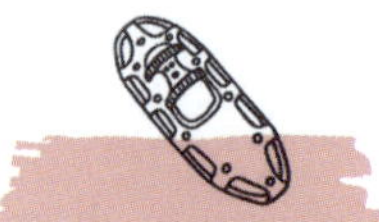

le ciaspole
Schneeschuhe

il tempo
Wetter

nevicare
schneien

nuvoloso
wolkig

il sentiero
Pfad, Weg

la cima
Gipfel

il lago
See

la baita
Berghütte

Tr. 75

- ● Buonasera, è l'Hotel Natura?
- ● Sì, come posso aiutarla?
- ◎ Ho letto su internet che il vostro hotel è ecologico e sostenibile, mi può dare altre informazioni?
- ● Con piacere! Allora, noi usiamo solo energia da fonti rinnovabili, abbiamo pannelli solari per l'acqua calda, i mobili delle nostre stanze sono tutti in materiali naturali...
- ◎ E il cibo?
- ● Tutto biologico e a km 0, la frutta e la verdura sono del nostro orto.
- ◎ Benissimo! Avete una stanza libera per il prossimo fine settimana?
- ● Ora controllo... Sì, ho ancora una doppia, con vista sulla foresta.
- ◎ Perfetto! La prenoto, siamo in due.
- ● Sabato faremo un'escursione sulla neve con le ciaspole. Vi interessa?
- ◎ Sì, molto! Che tempo farà?
- ● Ora sta nevicando e fa molto freddo, ma secondo le previsioni tra tre o quattro giorni tornerà il sole.
- ◎ Allora prenoto anche l'escursione. Ancora una domanda: noi arriveremo venerdì in treno, come facciamo a raggiungere l'hotel?
- ● Non c'è problema, vi passiamo a prendere con la nostra auto elettrica.
- ◎ Che gentili, grazie.
- ● Di nulla, a venerdì!

1 Lies den Dialog am Telefon noch einmal und ordne die Ausdrücke zu. Was sagt man, ...

1. ... um nach weiteren Informationen zu fragen?	**A**	Avete una stanza libera?
2. ... um zu fragen, ob ein Zimmer frei ist?	**B**	Come posso aiutarla?
3. ... um zu sagen, dass es gerade schneit?	**C**	Vi interessa?
4. ... um zu fragen, wie das Wetter sein wird?	**D**	La prenoto, siamo in due.
5. ... um zu fragen, ob etwas für jemanden von Interesse ist?	**E**	Mi può dare più informazioni?
6. ... um ein Zimmer zu buchen?	**F**	Che tempo farà?
7. ... um Hilfe anzubieten?	**G**	Non c'è problema.
8. ... um jemanden zu beruhigen?	**H**	Sta nevicando.

fühlen

Welche Art von Unterkunft wählst du, wenn du reist? Welche Faktoren sind für dich entscheidend? Hier sind einige Nachhaltigkeitskriterien. Umkreise diejenigen, die dir sehr wichtig sind. Wenn du willst, kannst du auch weitere hinzufügen.

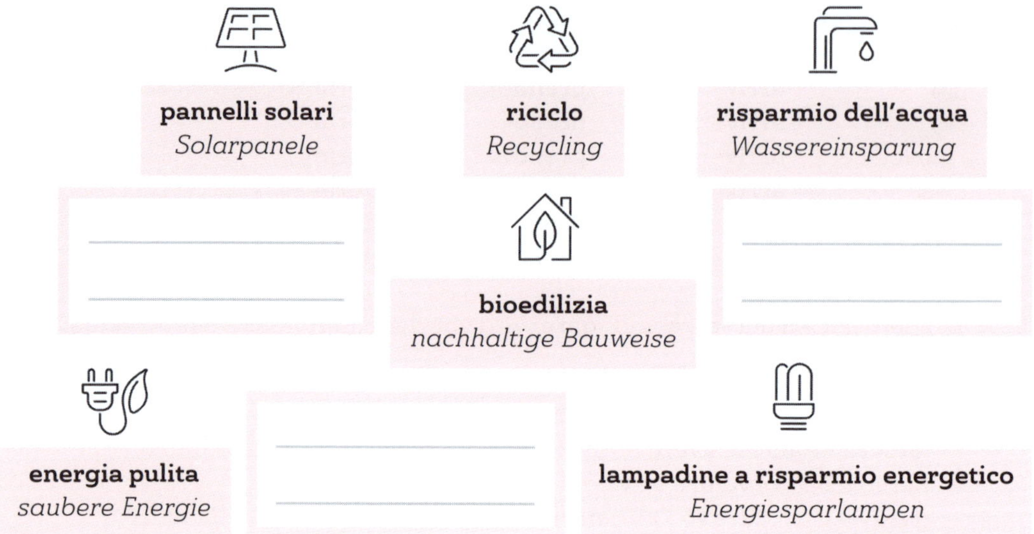

3

sehen

Paesaggi *Landschaften*. Du bist in den Dolomiten und möchtest die schönsten Momente deines Urlaubs teilen. Schreib nach dem Hashtag die Begriffe auf, die die Landschaften beschreiben. Hier sind einige Vorschläge. Wenn du willst, kannst du auch einen Text schreiben.

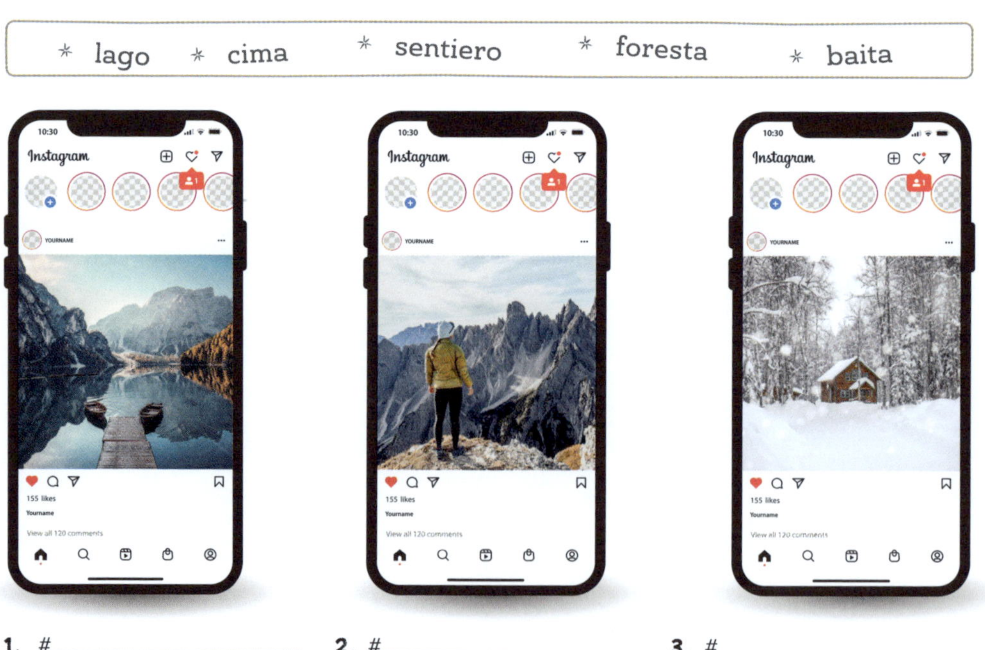

1. #__________ **2.** #__________ **3.** #__________

Das futuro semplice

Zur Beschreibung von Geschehen oder Vorhaben, die in der Zukunft liegen, verwendet man das **futuro semplice**. Es wird analog zum **condizionale presente** gebildet. Hier die Formen:

	-are	-ere	-ire	essere
io	**arriverò**	**prenderò**	**dormirò**	**sarò**
tu	**arriverai**	**prenderai**	**dormirai**	**sarai**
lui/lei/Lei	**arriverà**	**prenderà**	**dormirà**	**sarà**
noi	**arriveremo**	**prenderemo**	**dormiremo**	**saremo**
voi	**arriverete**	**prenderete**	**dormirete**	**sarete**
loro	**arriveranno**	**prenderanno**	**dormiranno**	**saranno**

Bei den Verben auf **-care** und **-gare** wird vor der Futurendung ein **-h-** eingefügt: **nevicare ➡ nevicherà**.

Häufig gebrauchte Verben mit unregelmäßigen Formen:

- **andare ➡ andrò**, **avere ➡ avrò**, **dovere ➡ dovrò**, **potere ➡ potrò**;
- **bere ➡ berrò**, **venire ➡ verrò**, **volere ➡ vorrò**;
- **dare ➡ darò**, **fare ➡ farò**, **stare ➡ starò**.

4 Die Zukunft ist ungewiss, aber alle haben Pläne! Setz die folgenden Sätze ins **futuro semplice**.

1. Tra un mese *(noi – partire)* ______________ per un lungo viaggio in Italia.
2. La prossima settimana *(io – andare)* ______________ a sciare in Trentino.
3. Il prossimo anno Ada *(trasferirsi)* ______________ in un'altra città.

4. Tra un mese *(nascere)* ______________ mio figlio!

TRA/FRA TRE GIORNI...

In drei Tagen ...
Die Präposition **tra** und **fra** werden ohne Unterschied gebraucht. In zeitlicher Bedeutung entsprechen sie „in" im Sinne von „nach Ablauf von". Eine weitere Zeitangabe enthält das Adjektiv **prossimo/-a**: **la prossima settimana** *nächste Woche*.

5 Einer der schönsten Momente einer Wanderung in den Bergen ist die Rückkehr in die Wärme! Stell dir vor, du öffnest die Tür einer Berghütte: Welche Gerüche kommen dir in den Sinn? Mal die Umrisse aus und füg weitere Wörter hinzu.

legno

REZEPT

Canederli allo speck

SPECKKNÖDEL

SCHMECKEN

Nach einer langen Schneeschuhwanderung braucht man eine deftige Mahlzeit! Eines der bekanntesten Gerichte in Trentino Alto Adige *Südtirol*, wo ein Teil der Dolomiten liegt, sind die **canederli**, die im Trentino so genannt werden, während sie in Alto Adige ganz wie im Deutschen Knödel heißen.

Zutaten:

500 g di pane raffermo – **200 g** di speck a cubetti – **2** uova – **4 bicchieri** di latte – **1 ciuffo** di erba cipollina – **2 cucchiai** di parmigiano grattugiato – **1 cucchiaio** di farina – brodo di carne – burro – sale

1. Tagliare il pane a pezzetti e metterlo in un recipiente.
2. Scaldare il burro in una padella e far rosolare lo speck tagliato a dadini, poi metterlo sul pane, aggiungere le uova sbattute con il latte, un po' di erba cipollina tagliata finemente, il parmigiano e un po' di sale.
3. Mescolare bene e far riposare per 30 minuti, poi aggiungere la farina setacciata.
4. Impastare con un cucchiaio di legno fino a quando diventa omogeneo.
5. Con le mani bagnate, formare delle palline e poi metterle in acqua salata bollente.
6. Quando l'acqua bolle di nuovo, abbassare la fiamma, coprire e far cuocere i canederli per 15 minuti, poi toglierli con la schiumarola, metterli in una zuppiera e coprirli con il brodo caldo.

il pane raffermo *altbackenes Brot*
il ciuffo *Bund*
l'erba cipollina *Schnittlauch*
il brodo di carne *Fleischbrühe*
scaldare *erwärmen*
finemente *fein*
bagnato/-a *nass*
formare *formen*
la pallina hier: *Knödel*
abbassare la fiamma *die Hitze reduzieren*
la zuppiera *Suppenschüssel*

Unpersönliche Verben und Ausdrücke

Unpersönliche Verben und Ausdrücke haben wie im Deutschen kein bestimmtes Subjekt und stehen in der 3. Person Singular. Dazu gehören:

- Verben der Witterung: **piove / nevica...** *es regnet / es schneit ...*
- unpersönliche Ausdrücke mit **fare**: **fa caldo / fa freddo / fa bello...** *es ist warm / es ist kalt / es ist schön ...*
- unpersönliche Ausdrücke, die mit **è** + Substantiv/Adjektiv + Infinitiv gebildet werden: **È un piacere / È meraviglioso passeggiare nella natura.** *Es ist eine Freude / Es ist wunderbar, in der Natur zu wandern.*

6

sehen

Le previsioni del tempo *die Wettervorhersage.* Vor einer Reise schauen viele die Wettervorhersage auf dem Handy an. Du auch? Schau, wie das Wetter in Madonna di Campiglio in der kommenden Woche sein wird und verbinde die Tage mit den Sätzen.

1. domani • **A** pioverà

2. martedì • **B** sarà nuvoloso

3. mercoledì • **C** nevicherà

4. giovedì • **D** farà bello

5. venerdì • **E** farà freddo

CHE TEMPO FA?

Sieh auf einer Wetterkarte nach, wie das Wetter in Italien ist. Sag auf Italienisch, wie das Wetter dort ist und sein wird. So übst du nicht nur den Wortschatz zum Wetter, sondern auch die Zukunftsformen.

7

hören

Tr. 76

Was braucht man für eine Wanderung im Schnee? Schreib auf, was du hörst. Wenn du denkst, dass es nützlich wäre, noch etwas anderes mitzunehmen, füg es hinzu!

i guanti da neve
Schneehandschuhe

Ausdrücke mit stare

Du liest gerade in diesem Moment etwas, auf Italienisch: **Stai leggendo**. Um zu beschreiben, was man gerade macht oder was gerade passiert, wird die Konstruktion **stare** + Gerundium verwendet, wie auch z. B. im Dialog: **Sta nevicando.** *Es schneit gerade.* Das Gerundium ist eine unveränderliche Verbform, die sich aus dem Infinitiv ableitet.

io	**sto**			Unregelmäßige Formen:
tu	**stai**			
lui/lei/Lei	**sta**	**parlando**	**-are**	**fare ➡ facendo**
noi	**stiamo**	**leggendo**	**-ere**	**bere ➡ bevendo**
voi	**state**	**partendo**	**-ire**	
loro	**stanno**			

Um auszudrücken, dass man im Begriff ist, etwas zu tun, oder dass eine Handlung unmittelbar bevorsteht, wird die Konstruktion **stare per** + Infinitiv benutzt: **Stiamo per partire.** *Wir sind dabei abzureisen.*

8 fühlen

E tu, cosa stai facendo? *Und du, was machst du gerade?* Beweg dich durch die Wohnung und beschreib dabei, was du gerade tust. Die folgenden Verben können dir dabei helfen.

* scrivere * mangiare * cucinare * pensare * cantare * pulire

9 hören Tr. 77

Stai per finire il libro! *Du bist dabei, das Buch zu beenden!* Aber noch eine letzte Anstrengung. Wenn du ein Zimmer in Italien reservieren möchtest oder über das Wetter oder Zukunftspläne sprechen willst, sind die folgenden Sätze nützlich. Hör zu und sprich nach.

Avete una stanza libera?	*Haben Sie ein freies Zimmer?*
Vorrei prenotare una stanza doppia/singola per il prossimo fine settimana.	*Ich möchte ein Doppel-/Einzelzimmer für das nächste Wochenende buchen.*
La stanza è silenziosa?	*Ist das Zimmer ruhig?*
Il cibo è biologico?	*Ist das Essen biologisch?*
Oggi fa freddo, domani farà caldo.	*Heute ist es kalt, morgen wird es warm sein.*
Oggi c'è il sole, ma tra due giorni pioverà.	*Heute ist es sonnig, aber in zwei Tagen wird es regnen.*
Che cosa farai il prossimo anno?	*Was wirst du nächstes Jahr tun?*
Quali progetti hai per il futuro?	*Welche Pläne hast du für die Zukunft?*

fühlen

Bist du im Urlaub und willst vielleicht mal wieder so wie früher eine gute alte **cartolina** *Postkarte* verschicken? Oder möchtest du eine besondere **biglietto di auguri** *Glückwunschkarte* für Weihnachten oder einen Geburtstag gestalten? Dann setz deine Hände und deine Kreativität ein. Außerdem tust du mit mit der Verwendung vorhandener Dinge etwas Gutes für unseren Planeten. Hier findest du einige Ideen: mit Knöpfen, mit Bindfaden, mit farbigem Klebeband, mit eigenen Drucken. Vergiss nicht, einen kurzen Text auf Italienisch zu schreiben!

Du brauchst:

- **fogli** *Blätter*
- **forbici** *Schere*
- **colla** *Klebstoff*
- **matite colorate** *Buntstifte*
- **spago** *Bindfaden*
- **ago** *Nähnadel*
- **bottoni** *Knöpfe*
- **nastri adesivi** *Klebebänder*
- **tamponi** *Stempelkissen*

BEISPIELTEXTE

Per un biglietto di auguri

- Tanti auguri di buon compleanno!
- Gli anni passano... ma non per te!

Per una cartolina dalle vacanze

- Tanti saluti dal posto più bello del mondo!
- Qui si sta benissimo, la prossima volta devi venire anche tu!

Lösungen

1. 1. E, 2. A, 3. H, 4. F, 5. C, 6. D, 7. B, 8. G
4. 1. partiremo, 2. andrò, 3. si trasferirà, 4. nascerà
6. 1. C, 2. E, 3. A, 4. B, 5. D
7. lo zaino, il cappello di lana, la sciarpa, la macchina fotografica, una bottiglia d'acqua, gli occhiali da sole
8. sto scrivendo, sto cucinando, sto cantando, sto mangiando, sto pensando, sto pulendo

Transkriptionen

TR. 75

• Buonasera, è l'Hotel Natura?	*Guten Abend, ist dort das Hotel Natura?*
• Sì, come posso aiutarla?	*Ja, wie kann ich Ihnen helfen?*
• Ho letto su internet che il vostro hotel è ecologico e sostenibile, mi può dare altre informazioni?	*Ich habe im Internet gelesen, dass Ihr Hotel umweltfreundlich und nachhaltig ist. Können Sie mir mehr Informationen geben?*
• Con piacere! Allora, noi usiamo solo energia da fonti rinnovabili, abbiamo pannelli solari per l'acqua calda, i mobili delle nostre stanze sono tutti in materiali naturali...	*Gerne! Also, wir verwenden nur Energie aus erneuerbaren Quellen, wir haben Solarpanele für Warmwasser, die Möbel in unseren Zimmern sind alle aus natürlichen Materialien ...*
• E il cibo?	*Und das Essen?*
• Tutto biologico e a km 0, la frutta e la verdura sono del nostro orto.	*Alles biologisch und aus nächster Umgebung, das Obst und Gemüse sind aus unserem Gemüsegarten.*
• Benissimo! Avete una stanza libera per il prossimo fine settimana?	*Sehr gut! Haben Sie ein freies Zimmer für das nächste Wochenende?*
• Ora controllo... Sì, ho ancora una doppia, con vista sulla foresta.	*Ich sehe nach ... Ja, ich habe noch ein Doppelzimmer, mit Blick auf den Wald.*
• Perfetto! La prenoto, siamo in due.	*Perfekt! Ich buche es, wir sind zu zweit.*
• Sabato faremo un'escursione sulla neve con le ciaspole. Vi interessa?	*Wir werden am Samstag eine Schneeschuhwanderung machen. Sind Sie interessiert?*
• Sì, molto! Che tempo farà?	*Ja, sehr. Wie wird das Wetter sein?*
• Ora sta nevicando e fa molto freddo, ma secondo le previsioni tra tre o quattro giorni tornerà il sole.	*Jetzt schneit es gerade und es ist sehr kalt, aber laut Vorhersage wird die Sonne in drei oder vier Tagen zurückkehren.*
• Allora prenoto anche l'escursione. Ancora una domanda: noi arriveremo venerdì in treno, come facciamo a raggiungere l'hotel?	*Dann buche ich auch die Wanderung. Noch eine Frage: Wir werden am Freitag mit dem Zug ankommen, wie schaffen wir es, das Hotel zu erreichen?*
• Non c'è problema, vi passiamo a prendere con la nostra auto elettrica.	*Kein Problem, wir holen Sie mit unserem Elektroauto ab.*
• Che gentili, grazie.	*Wie nett, vielen Dank.*
• Di nulla, a venerdì!	*Gern geschehen, bis Freitag!*

TR. 76

Allora cosa metto nello zaino per l'escursione sulla neve? Vediamo... Sicuramente il cappello di lana e la sciarpa. Poi i guanti da neve... la macchina fotografica, vedremo dei panorami meravigliosi e voglio fare delle belle foto. C'è ancora spazio per una bottiglia d'acqua. Poi... Uhm... Ah certo, gli occhiali da sole! Oggi il tempo è bellissimo!	*Was packe ich also in meinen Rucksack für die Schneewanderung? Mal sehen ... Bestimmt die Wollmütze und den Schal. Dann die Schneehandschuhe ... die Kamera, wir werden wunderbare Landschaften sehen und ich will ein paar schöne Fotos machen. Es ist noch Platz für eine Flasche Wasser. Dann ... ähm ... ach ja, die Sonnenbrille! Das Wetter ist heute wunderschön!*

Lektionswortschatz

il progetto	*Plan*
il futuro	*Zukunft*
ecologico/-a	*umweltfreundlich*
sostenibile	*nachhaltig*
l'energia	*Energie*
la fonte rinnovabile	*erneuerbare Quelle*
il pannello solare	*Solarpanel*
il materiale	*Material*
biologico/-a	*biologisch*
l'orto	*Gemüsegarten*
la foresta	*Wald*
prenotare	*buchen*
l'escursione (f.)	*Ausflug, Wanderung*
la neve	*Schnee*
la ciaspola	*Schneeschuh*
il tempo	*Wetter*
nevicare	*schneien*
nuvoloso/-a	*wolkig*
il sentiero	*Pfad, Weg*
la cima	*Gipfel*
il lago	*See*
la baita	*Berghütte*
su internet	*im Internet*
dare	*geben*
altro/-a	*andere/-r/-s, weitere/-r/-s*
l'informazione (f.)	*Information*
naturale	*natürlich*
a km 0	*aus nächster Umgebung*
prossimo/-a	*nächste/-r/-s*
la doppia	*Doppelzimmer*
in due	*zu zweit*
interessare	*interessieren*
sta nevicando	*es schneit gerade*
fa freddo	*es ist kalt*
secondo	*laut*
le previsioni (Pl.)	*Wettervorhersage*
tra / fra	*in, binnen, innerhalb*
la domanda	*Frage*
fare a (+ Infinitiv)	*schaffen zu* (+ Infinitiv)
raggiungere	*erreichen*
l'auto elettrica	*Elektroauto*
gentile	*freundlich, nett*
di nulla	*gern geschehen*
il riciclo	*Recycling*
il risparmio dell'acqua	*Wassereinsparung*
la bioedilizia	*nachhaltige Bauweise*
pulito/-a	*sauber*
la lampadina a risparmio energetico	*Energiesparlampe*
la cioccolata calda	*heiße Schokolade*
canederli (Pl.) allo speck	*Speckknödel*
Alto Adige	*Südtirol*
il pane raffermo	*altbackenes Brot*
il ciuffo	*Bund*
l'erba cipollina	*Schnittlauch*
il brodo di carne	*Fleischbrühe*
scaldare	*erwärmen*
finemente	*fein*
bagnato/-a	*nass*
formare	*formen*
la pallina	hier: *Knödel*
abbassare la fiamma	*Hitze reduzieren*
la zuppiera	*Suppenschüssel*
piovere	*regnen*
fa caldo	*es ist warm/heiß*
fa bello	*es ist schön*
il piacere	*Freude, Vergnügen*
meraviglioso/-a	*wunderbar*
i guanti (Pl.) da neve	*Schneehandschuhe*
lo zaino	*Rucksack*
sicuramente	*sicher, bestimmt*
il panorama	hier: *Landschaft*
lo spazio	*Platz*
gli occhiali (Pl.) da sole	*Sonnenbrille*
la stanza singola	*Einzelzimmer*
c'è il sole	*es ist sonnig*
la cartolina	*Postkarte*
il biglietto di auguri	*Glückwunschkarte*
passare	*vergehen*
il mondo	*Welt*
la volta	*Mal*
lo spago	*Bindfaden*
l'ago	*Nähnadel*
il bottone	*Knopf*
il nastro adesivo	*Klebeband*
il tampone	*Stempelkissen*

Bildnachweis

Adobe Stock, Dublin: 4.3 ff. (vectorplus); **6.1** ff. (Vasily Makarov); **7.1** (mavoimages); **11.3** (lilett); **12.3** (grinchh); **13.10** (Ruslan Mitin); **13.11** (Julia); **13.14** (pilipphoto); **14.5** (barmalini); **14.7** (malkovkosta); **15.3** (Ole); **18.8** (Siberian Art); **25.2** ff. (Yevhenii); **29.1**, **50.6**, **59.1** (rh2010); **30.3** (nyul); **30.4** (Carmen); **30.5** (nedim_b); **30.6** (fkruger); **30.7** ff. (kamenuka); **32.1** (Sarie); **34.4** (olllinka2); **34.6** (Eduard Shelesnjak); **34.7** (Angela Bragato); **34.9** (fabiomax); **35.2** (sahs94); **38.15** ff. (iconsgraph); **39.1** (kite_rin); **39.2** ff. (A_B_C); **40.5** (Jacob Lund); **40.7** (.shock); **40.8** (lovelyday12); **42.2** (denio109); **43.3** (davit85); **43.5** (freebird7977); **43.8** (chendongshan); **43.9** (nito); **48.5** ff., **98.15** ff. (a3701027); **49.1** (bernardbodo); **50.3**, **99.1** (Gorodenkoff); **50.12** (Yuri); **51.4** (gmm2000); **52.3** (lilechka75); **54.2** ff. (Fiedels); **54.8** (Surachetsh); **58.11** (Iuliia); **59.5**, **92.2** (Olga); **59.6** (SpicyTruffel); **60.12** (Markus Mainka); **62.3** (Vincenzo VAD); **63.3** (Cornelio); **63.4** (anna_shepulova); **63.6** (Vladimir); **64.3** (Brad Pict); **65.4** (Maxim Grebeshkov); **69.1** (rawpixel.com); **70.3** (Kate Garyuk); **70.7** (EdNurg); **70.9** (wifesun); **70.10** (astrosystem); **70.11** (Roman Bodnarchuk); **71.2** (jenesesimre); **72.2** (Inga); **73.2** ff. (iaroslavka); **74.3** (MicroOne); **75.3** (Taigi); **79.3**, **79.4** (KSENIA); **80.6** (Abel); **80.7** (Ivanna); **80.11** (Vadim Andrushchenko); **80.12**, **94.4** (Andrey Popov); **80.16** (sutichak); **82.3** (tolism); **83.4** (Serj Siz`kov); **85.2** (Aleksandr); **88.4** ff. (Kudryashka); **89.1** (Victoria); **89.3** (xana_ukr); **90.3** ff. (K3Star); **91.8** (sommersby); **93.3** (FV Photography); **94.5** (Wayhome Studio); **94.6** (Sergey Nivens); **94.9** (photophonie); **100.5** ff. (sudowoodo); **102.3** (chandlervid85); **103.4** (Wirestock); **103.5** (AS Photo Project); **103.7** (kues1); **103.8** (masyastadnikova); **105.4** ff. (Milta); **110.3** (croisy); **110.7** (ollirg); **112.2** (nextyle); **112.3** (alex.pin); **113.1** (glomusa); **115.2** (Tupungato); **115.4** (NTL studio); **119.1** (CDSTOCK); **119.4** (toricheks); **120.7** (Nejron Photo); **122.4** (Photobeps); **129.1** (Tomas Marek); **132.3** (genny); **133.3** (ChristArt); **135.3** ff. (Alena); **138.4** ff. (bsd studio); **139.1**, **140.8** (fizkes); **140.5** (Kalim); **140.6** (Daniel); **140.7** (220 Selfmade studio); **142.3** (FPWing); **143.4** (AlexanderNovikov); **143.7** (Vitaliy Hrabar); **143.8** (Prostock-studio); **145.4**, **145.5** ff., **145.7** ff. (Anastasia); **148.8** ff. (FourLeafLover); **148.13** ff. (Ekaterina Sheshina); **148.21** (lilkin); **148.27** (Anna Druzhkova); **149.1** (casagrandelor); **150.10** ff. (icons gate); **150.13** (ValentinValkov); **150.14** (alexanderuhrin); **150.15** (Colin); **152.3** (Mi.Ti.); **153.3** (Natalia); **155.3** (longquattro); **155.4** (Nastya); **155.6** (Yulia);
Fotolia, New York: 5.5 ff. (ronnybas); **34.8** (George Dolgikh); **50.10** (Davizro Photography); **50.11** ff. (Monkey Business); **60.6** (valeriy555); **60.8** (Irochka); **60.10** (by-studio); **60.11** (silencefoto); **70.8** (brmonico); **80.10** (Dasha Petrenko); **120.9** (Friedberg);
Getty Images, München: U1 (Nadydy); **4.1** ff., **40.1** ff., **80.1** ff. (Galina Kamenskaya); **8.1** ff. (Gokcemim); **8.3** (kadirkaba); **8.10** ff., **128.4** ff. (LueratSatichob); **10.1** ff. (irinelle); **10.5** ff. (hugolacasse); **11.1** ff., **18.21** ff. (ulimi); **12.1** ff. (topform84); **13.8** (from_my_point_of_view); **13.13** (Zheka-Boss); **14.12** (bluebird13); **15.1** ff. (paladin13); **15.5** ff. (Anna Pavlovetc); **18.1** ff. (Mari Dambi); **18.14** (zsooofija); **18.22** (WINS86); **19.1** (Cultura RM Exclusive/ Antonio Saba); **20.1** ff. (Suriko); **20.6** (FG Trade); **22.3** (Carpe89); **28.1** ff. (Yuliya_Lesovaya); **28.9** ff. (insemar); **30.1** ff. (LeshkaSmok); **38.1** ff. (samuii); **38.4** ff. (kostenkodesign); **38.19** ff. (frimages); **40.3** (Kmatta); **40.4** (ookpiks); **40.6** (Skynesher); **43.6** (skynesher); **45.2** ff. (subjug); **48.1** ff. (Inspiretta); **48.12** ff., **49.2** ff. (jamtoons); **48.14** (MatoomMi); **50.1** ff. (Esra Sen Kula); **50.9**, **80.13** (Uwe Krejci); **55.4** (Photoraidz); **58.1** ff. (IrynaDanyliuk); **58.9** ff., **118.10** (LokFung); **60.1** ff. (Mercedes Rancaño Otero); **60.5** (Maksym Narodenko); **60.7** (Magone); **63.1** ff., **79.2** ff. (kyuree); **63.7** (Oleksandr Mordusenko); **68.1** ff. (chekiwart); **68.3** (IgorZakowski); **68.12** (Bakai); **68.14** ff. (Rudzhan Nagiev); **69.4** ff. (veekicl); **70.1** ff. (mikemcd); **78.1** ff. (Yevheniia Yasenenko); **78.10** ff. (macrovector); **79.1** (Oscar Wong); **88.1** ff. (Fleren); **88.8** ff. (Akiko Maki); **88.27** (schiva); **90.1** ff. (pworld); **90.14** (FrankRamspott); **94.7** (wundervisuals); **94.8** (Hinterhaus Productions); **98.1** ff. (Bigmouse108); **98.13** (Visual Generation); **100.1** ff. (franz45); **108.1** ff. (Alexandra Pavlova); **108.5** (Magnilion); **110.1** ff. (GiorgioMorara); **118.1** ff. (shlyonik); **118.13** (kimberrywood); **120.1** ff. (Jobalou); **120.4** (Jupiterimages); **121.3** (PeopleImages); **128.1** ff. (lila-love); **128.3** ff. (fleaz); **128.10** ff. (Igor Zakowski); **130.1** ff. (dinkaspell); **138.1** ff. (Katerina Kuzmenko); **140.1** ff. (mymny); **143.6** (Tim Platt); **148.1** ff. (Suesse); **150.1** ff. (Slanapotam);
iStockphoto, Calgary, Alberta: 14.10 (vwalakte); **50.7** (blnd); **54.9** (pressureUA); **63.5** (FrankvandenBergh); **120.8** (maximkabb);
PONS GmbH, Stuttgart: 91.9 ff. (PONS);
Shutterstock, New York: 6.2 (stocker1970); **7.2** (Lesya Dolyuk); **8.4** ff., **88.11** ff., **118.18** ff. (redchocolate); **8.5** ff. (Irina Yuzh); **8.6** ff. (KateMacate); **8.7** ff., **8.22** ff., **9.2** ff., **33.1** ff., **114.3** ff. (primiaou); **8.11** ff. (Costertoast); **8.16** ff. (Natalie MAY); **8.17** ff. (Sapunkele); **13.9** (Africa Studio); **13.12** (Siim79); **14.6** (Peter Bernik); **14.8** (Marco Rubino); **14.9** (Ed Connor); **14.11** (Marta Pons Moreta); **18.4** ff., **68.4** ff., **68.6** ff., **69.3** ff., **148.20** ff. (mhatzapa); **18.9** ff., **58.16**, **98.5** ff. (Victoria Sergeeva); **18.10** ff. (Susann Schroeter); **18.12** (vectortatu); **18.13** ff. (Yurchenko Yulia); **18.15** ff., **130.7** ff. (GooseFrol); **18.16** ff. (Daniela Barreto); **18.20** (Katerin_vin); **18.23** ff., **48.4** ff., **99.2** ff. (AuraArt); **19.2** ff. (Pinchuk Oleksandra); **20.3** ff. (Maria Averburg); **20.7** (Kichigin); **20.8** (Jochen Schoenfeld); **28.6** ff. (Fafarumba); **28.7** ff. (Farah Sadikhova); **34.2** (irina2511); **34.3** ff. (Stephanie Frey); **34.5** (Kerdkanno); **38.5** ff. (Tippawan Kunkeaw); **40.10** ff. (Margarita Steshnikova); **40.11** ff. (Orfeev); **43.4** (maxpro); **43.7**, **143.3** (Syda Productions); **48.2** ff. (artnLera); **48.3** ff. (BlueRingMedia); **48.8** (Ohn Mar); **48.10** ff., **128.11** (jesadaphorn); **48.21** (MicroOne); **50.4** (Sutichak Yachiangkham); **50.8** ff. (Brian A Jackson); **54.7** (mama_mia); **54.10** (Fabio Balbi); **58.5**, **108.10** (Freud); **58.15** (Istry Istry);
U1 (lenaalyonushka); **58.19** (Lida Bu); **68.5** (Artur

Balytskyi); **68.7** ff. (shooarts); **68.13** (Laifalight); **68.18** (IhorZigor); **68.19** ff. (Kwok Design); **69.2** ff. (olllikeballoon); **74.4** (Jacob Lund); **74.5** (iryna1); **74.6** (Tupungato); **74.7** (TamasV); **74.8** (Kiev. Victor); **74.9** (cornfield); **78.9** ff. (Aluna1); **78.16** (Aleron Val); **80.4** (nioloxs); **80.15** (Photographee. eu); **88.13** (Burgua); **88.14** (Tatyana Okhitina); **88.22** ff. (Rattikankeawpun); **88.25** ff. (Lucky96); **93.4** (Sirinn3249); **95.3** (Semiletava Hanna); **98.8** ff. (schiva); **98.10** (bsd studio); **98.12** (Aleksandra Novakovic); **98.24** (Mascha Tace); **98.26** (Nikolaeva); **98.29** (genevskayamariya); **103.6** (Ariwasabi); **103.9** (MSPT); **108.6** ff. (PedroNevesDesign); **108.7** (Yuyula); **108.8** ff. (josep perianes jorba); **108.12** (ArtAllAnd); **108.17** (En min Shen); **108.18** (Perfect_ kebab); **109.1** (Renata Apanaviciene); **110.5** (Funny Solution Studio); **110.8** (Kojin); **118.4** (NataLima); **118.12** ff. (VitalikPayk); **120.6** (Rawpixel.com); **128.7** (Cube29); **128.14** (ANTSTUDIO); **129.4** (Gentian Polovina); **130.4** (maxbrux); **130.5** (Paolo Bona); **130.6** (leonori); **133.2** (Ekaterina Iatcenko); **138.3** ff. (tsaplia); **138.13** (ONYXprj); **138.21** ff. (Jimena Catalina Gayo); **143.5** (MILKXT2); **148.14** (MSSA); **148.19** ff. (airdynamic); **148.25** ff. (insemar.vector.art); **149.2** ff. (Mariia Kugergina); **151.3** (Siberian Art); **153.5** (balabolka);
Thinkstock, München: 40.9 (Jacob Ammentorp Lund); **50.2** (iStockphoto); **60.13** (zlyka2008); **70.6** (Minerva Studio); **80.5** (jamroen); **80.9** (JZhuk); **80.14** (archideaphoto); **90.15** (Purestock); **99.4** ff. (Taitai6769); **99.5**, **99.6** (Lalouetto); **120.3** (Ingram Publishing); **121.2** (Stockbyte)

Grammatik ohne Drama

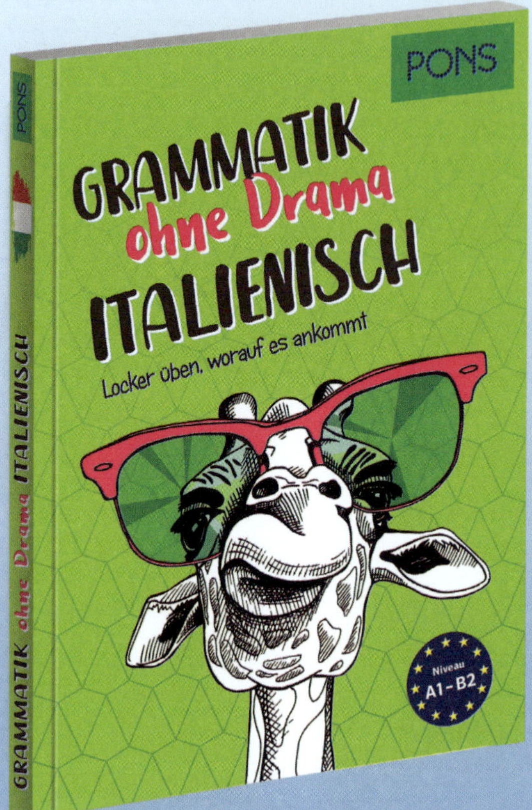

ISBN: 978-3-12-562363-7

Du kommst bei manchen Italienisch-Grammatikthemen immer wieder ins Stolpern? Mach Grammatik zu deinem Freund – ganz ohne Drama. Wie das geht? Ganz einfach:

- **Aufs Wesentliche konzentrieren:** Such dir die Themen aus, bei denen du Schwierigkeiten hast. Zu jedem Thema wird **das Wichtigste** erklärt – der Fokus liegt auf den Dingen, die du wirklich wissen musst.
- **Unterhaltsam und alltagsnah:** Viele **Zitate und Beispiele** aus dem italienischen Alltag machen es dir leicht, mit Spaß bei der Sache zu bleiben und dir die Grammatik besser einzuprägen.
- **Erst Theorie, dann Praxis:** Wenn zu einem Thema alles klar ist, trainiere anschließend mit **lockeren, abwechslungsreichen Übungen**.
- Erste Grundkenntnisse (A1) bis fortgeschrittene Sprachkenntnisse (B2)

So schnell ist das Grammatik-Drama Schnee von gestern!